中等职业教育"十一五"规划教材

中职中专财会类教材系列

商品流通企业会计实务

高席兰　王朝辉　主编

科学出版社

北　京

内 容 简 介

本书以培养中职学生职业能力为目标，根据财政部《企业会计准则》及税收制度的新规定，以商品流通企业会计核算工作内容为主线进行编写，主要内容包括商品流通会计概述，批发商品流转的核算，零售商品流转的核算，饮食服务业会计核算，费用、税金和利润的核算，财务报表等，并注重讲练结合，具有实用性和可操作性。

本书可作为中等职业教育会计类专业教材，也可供广大财会人员上岗培训使用。

图书在版编目（CIP）数据

商品流通企业会计实务/高席兰，王朝辉主编. —北京：科学出版社，2011
（中等职业教育"十一五"规划教材·中职中专财会类教材系列）
ISBN 978-7-03-030747-7

Ⅰ.①商… Ⅱ.①高… ②王… Ⅲ.①商业会计-中等专业学校-教材
Ⅳ.①F715.51

中国版本图书馆 CIP 数据核字（2011）第 063392 号

责任编辑：王彦刚 王 琳 / 责任校对：柏连海
责任印制：吕春珉 / 封面设计：东方人华平面设计部

科 学 出 版 社 出版
北京东黄城根北街 16 号
邮政编码：100717
http://www.sciencep.com
三河市骏杰印刷有限公司印刷

科学出版社发行 各地新华书店经销
*
2011 年 5 月第 一 版 开本：787×1092 1/16
2016 年 11 月第六次印刷 印张：9 1/4
字数：203 870
定价：**19.00 元**
（如有印装质量问题，我社负责调换〈骏杰〉）
销售部电话 010-62134988 编辑部电话 010-62135763-2021

中职中专财会类教材系列编委会

主　任　肖建军

副主任　（按姓氏笔画排序）

　　　　李　华　　陈沧桑　　庚强斌　　彭建成

顾　问　（按姓氏笔画排序）

　　　　王福荣　　石　明　　黎　辉

委　员　（按姓氏笔画排序）

　　　　王朝霞　　王翠玉　　叶玉新　　刘　军

　　　　刘菲菲　　宋桂珍　　李良辉　　肖　薇

　　　　邱淑军　　陈公良　　陈雪松　　周先建

　　　　周明建　　易去劣　　胡松青　　高席兰

　　　　桂爱东　　戴立权

前　言

　　中等职业教育的合格毕业生应该同时具备知识素质和技能素质，而技能素质的培养涉及方方面面，教材的选择与使用是其中重要的一点。商品流通企业会计实务是一门应用性和技术性极强的经济管理学科。为了使会计专业课程的教学符合精品课程建设"以职业岗位为课程目标，以职业标准为课程内容，以教学模块为课程结构，以最新技术为课程视野，以职业能力为课程核心"的要求，我们组织编写了本书。

　　本书以财政部新颁布的《企业会计准则》和相关会计制度及税收制度为依据，以商品流通企业会计核算工作的内容和特点为基础，以"适应时代要求、体现职业特点、着眼能力培养、精简教学内容、提高学生学习兴趣"为编写原则。

　　本书适应会计专业模块式课程体系改革要求，突出了内容的实践和实用，每章的末尾均附有大量练习题，体现教、学、做合一原则，让学生在学中做，做中学，增强学习兴趣，提高动手操作能力。

　　高席兰负责拟定本书编写大纲，并组织安排写作和协调工作。本书编写分工如下：第1章由曾佳、王朝辉编写，第2章由梁科、龙潇编写，第3章、第4章、第5章由高席兰编写，第6章由王朝霞编写。本书在编写过程中得到了长沙市财经职业中专学校领导和会计教研组有关教师的大力支持，在此深表感谢。

　　由于编者水平有限，不足之处在所难免，欢迎广大读者提出宝贵意见和建议。

目　　录

第1章 商品流通会计概述

【学习目标】
1. 理解商品流通的概念、商品流通企业会计核算的主要内容和特点；
2. 理解批发企业商品流转核算的数量进价金额核算法的内容和要求；
3. 理解零售企业商品流转核算的售价金额核算法的内容和要求；
4. 理解商业企业常用的会计科目名称及明细科目的设置。

 案例导入

同学们，在学习了"会计基础"和"财务会计"后，我们开始进入"商品流通企业会计实务"课程的学习。它的学习内容有哪些？我们需要掌握哪些商业会计方面的知识和技能？与"财务会计"相比较有哪些不同？商业企业在购买商品和销售商品过程中发生的各项经济业务事项如何进行账务处理？让我们带着这些问题来学习商品流通企业会计的核算内容。

1.1 商品流通会计的概念

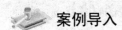

商品流通又称商品流转，是指商品流通企业通过购销活动，将商品从生产领域向消费领域转移的过程。商品流通过程分为批发和零售两个主要经营环节、批发和零售流转环节的业务都包括商品购进、商品销售和商品储存三个方面。

会计是以货币为主要计量单位，核算和监督一个企业单位经济活动的一种经济管理工作。商品流通企业会计是适用于商品流通企业（包括商业、粮食、物资供销、供销合作社、对外贸易和图书发行等企业）的专业会计，是以货币为主要计量单位，采用专门的方法，对商品流通企业的经济业务活动进行连续、系统、全面、综合的核算和监督的一种经济管理工作。商品流通企业会计可简称为商业会计。

商品流通企业会计核算的特点主要有两个方面：一是商品流通企业会计核算的重点是流动资产，核算的中心环节是流动资产中的商品存货。由于商品流通企业的经济业务活动是组织商品流转，流动资产在企业的全部资产中占有很大的比重，因此，商品流通企业重点是对流动资产的核算和管理，商业会计核算的重中之重是商品流转的核算。二是主要以进价作为商品存货的成本计价，商品流转各环节发生的费用可单独设账户进行核算。根据《企业会计准则（存货）》规定，商品流通企业在采购商品过程中发生的运输费、装卸费、保险费，以及其他可归属于商品存货采购成本的费用等进货费用，应当计入所采购商品的成本。但商品流通企业采购商品的进货费用金额较小的，也可以在发生时直接计入当期损益（销售费用）。对于商品流转过程中的进、销、存各环节发生的进货费用、销售费用和储存费用，可统一在"销售费用"账户进行核算。

1.2 商品流通企业会计核算的内容和一般要求

1.2.1 会计核算的内容

商业会计核算的内容就是会计要素的增减变化及变化后的结果。会计要素是对会计对象进行的基本分类，一般分为六大类，即资产、负债、所有者权益、收入、费用和利润。其中，资产、负债和所有者权益三项会计要素主要反映企业的财务状况；收入、费用和利润三项会计要素主要反映企业的经营成果。

1. 资产

资产是指企业过去的交易或者事项形成的、由企业拥有或者控制的、预期会给企业带来经济利益的资源。资产的主要特征有：①资产是由企业过去的交易或事项形成的；②资产是由企业拥有或者控制的资源；③资产预期会给企业带来经济利益，是指直接或间接导致现金和现金等价物流入企业的潜力。

资产按流动性分类，可分为流动资产和非流动资产。商业企业的流动资产主要包括货币资金、交易性金融资产、应收票据、应收账款、预付款项、应收利息、应收股利、其他应收款、存货（如库存商品）等。非流动资产是指流动资产以外的资产，主要包括长期股权投资、固定资产、在建工程、工程物资、无形资产等。

2. 负债

负债是指企业过去的交易或者事项形成的、预期会导致经济利益流出企业的现时义务。负债的主要特征有：①负债是企业过去的交易或事项形成的现时义务；②负债的清偿预期会导致经济利益流出企业。

负债按流动性分类，可分为流动负债和非流动负债。商业企业的流动负债主要包括短期借款、应付票据、应付账款、预收款项、应付职工薪酬、应交税费、应付利息、应付股利、其他应付款等。非流动负债是指流动负债以外的负债，主要包括长期借款、应付债券等。

3. 所有者权益

所有者权益是指企业资产扣除负债后由所有者享有的剩余权益。公司的所有者权益又称为股东权益。商业企业的所有者权益包括实收资本（或者股本）、资本公积、盈余公积和未分配利润。

4. 收入

收入是指企业在日常活动中形成的、会导致所有者权益增加的、与所有者投入资本无关的经济利益的总流入，如销售商品、提供劳务及让渡资产使用权等。商业企业的收入可分为主营业务收入和其他业务收入。

5. 费用

费用是指企业在日常活动中发生的、会导致所有者权益减少的、与向所有者分配利润无关的经济利益的总流出。企业一定时期的费用通常由产品生产成本和期间费用构成，产品生产成本由直接材料费用、直接人工费用和制造费用三个成本项目构成，期间费用包括销售费用、管理费用和财务费用三项。商业企业的费用主要有主营业务成本（商品销售成本）、销售费用、管理费用、财务费用、主营业务税金及附加。

6. 利润

利润是指商业企业在一定会计期间的经营成果。利润包括收入减去费用后的净额、直接计入当期利润的利得和损失等。直接计入当期利润的利得或损失，是指应当计入当期损益、会导致所有者权益发生增减变动的、与所有者投入资本或者向所有者分配利润无关的利得或损失，如企业在非日常活动中形成的营业外收入或发生的营业外支出等。

商品流通企业的经营活动主要是组织商品流通，商业会计核算的重点内容是商品流转的核算，包括批发商品流转的核算、零售商品流转的核算和商品流通费的核算。

1.2.2　商业企业会计核算的一般要求

1）必须按照国家统一的会计制度的要求设置会计科目和账户、复式记账，填制会计凭证，登记会计账簿，进行成本计算、财产清查，编制财务会计报告。

2）必须根据实际发生的经济业务事项进行会计核算，编制财务会计报告。企业应当以实际发生的交易或者事项为依据进行会计确认、计量和报告，如实反映符合确认和计量要求的各项会计要素及其他相关信息，保证会计信息真实可靠、内容完整。

3）发生的各项经济业务事项应当在依法设置的会计账簿上统一登记核算，不得违反《会计法》和国家统一的会计制度的规定。

4）会计凭证、会计账簿、财务会计报告和其他会计资料应当建立档案，妥善保管。

5）使用电子计算机进行会计核算的，其软件及其生成的会计凭证、会计账簿、财务会计报告和其他会计资料，也必须符合国家统一的会计制度的规定。

6）会计记录的文字应当使用中文。在民族自治地区，会计记录可以同时使用当地通用的一种民族文字。在中国境内的外商投资企业的会计记录，可以同时使用一种外国文字。

会计核算的基本前提包括会计主体、持续经营、会计分期和货币计量四项。会计信息质量要求包括可靠性、相关性、可理解性、可比性、实质重于形式、重要性、谨慎性、及时性八项。

1.3 商业企业常用会计科目

1.3.1 会计科目的分类

会计科目是指对会计要素（资产、负债、所有者权益、收入、费用和利润）的具体内容进行分类核算的项目。财政部发布的《企业会计准则应用指南》中规定了全国统一的 156 个会计科目，企业根据业务实际和核算需要从中选择会计科目使用，对于不存在的交易或事项，可不设置相关科目。

商品流通企业的会计科目按其所反映的经济内容不同，分为资产类、负债类、所有者权益类和损益类四大类（商业会计中没有成本类科目）。损益类科目又分为收入和费用两大类。

会计科目按其所提供信息的详细程度及其统驭关系不同，分为总分类科目和明细分类科目。总分类科目由国家财政部在企业会计准则应用指南中统一规定，明细分类科目是对总分类科目作进一步分类。明细科目有的由国家统一会计制度（会计准则）规定，如"应交税费"是总分类科目，"应交增值税"就是其明细分类科目；"利润分配"是总分类科目，"未分配利润"就是其明细分类科目；有的按财产物资的名称设置，如"库存商品"是总分类科目，"××商品"就是其明细分类科目；有的按往来单位或个人名称设置，如"应付账款"是总分类科目，"应付××单位"就是其明细分类科目；有的按费用项目名称设置，如"销售费用"是总分类科目，"广告费"就是其明细分类科目。

1.3.2 商业企业常用会计科目

企业常用的会计科目名称（总账科目）及明细科目的设置要求，见表 1-1。

表 1-1　商业企业常用会计科目表

序　号	编　号	会计科目名称	明细分类科目设置
		一、资产类	
1	1001	库存现金	设置"现金日记账"核算库存现金
2	1002	银行存款	按开户银行及存款种类设置日记账
3	1012	其他货币资金	按"银行汇票"、"信用卡"、"外埠存款"等设置
4	1101	交易性金融资产	按"成本"、"公允价值变动"设置
5	1121	应收票据	按开出承兑商业汇票的单位设置

续表

序 号	编 号	会计科目名称	明细分类科目设置
6	1122	应收账款	按债务人（购货单位）设置
7	1123	预付账款	按供货单位设置
8	1221	其他应收款	按其他应收款项目和对方单位或个人设置
9	1231	坏账准备	按应收款项的类别设置
10	1402	在途物资	按供应单位和物资品种设置
11	1405	库存商品	按商品的种类、品种和规格设置
12	1406	发出商品	按购货单位、商品类别和品种设置
13	1407	商品进销差价	按商品类别或实物管理负责人设置
14	1411	周转材料	按包装物、低值易耗品的种类设置
15	1471	存货跌价准备	按存货项目或类别设置
16	1511	长期股权投资	按被投资单位设置
17	1601	固定资产	按固定资产的类别和项目设置
18	1602	累计折旧	按固定资产的类别或项目设置
19	1604	在建工程	按"建筑工程"、"安装工程"及单项工程设置
20	1606	固定资产清理	按被清理的固定资产项目设置
21	1701	无形资产	按"专利权"、"非专利技术"等设置
22	1702	累计摊销	按无形资产项目设置
23	1801	长期待摊费用	按费用项目设置
24	1901	待处理财产损溢	按盘盈、盘亏资产种类和项目设置
		二、负债类	
25	2001	短期借款	按借款种类、贷款人设置
26	2201	应付票据	按债权人设置
27	2202	应付账款	按债权人（供货单位）设置
28	2203	预收账款	按购货单位设置
29	2211	应付职工薪酬	按"工资"、"职工福利"、"社会保险费"等设置
30	2221	应交税费	按"应交增值税"、"应交消费税"、"应交城建税"等税费项目设置
31	2231	应付利息	按债权人设置
32	2241	其他应付款	按其他应付款项目和对方单位或个人设置
33	2501	长期借款	按贷款单位，分"本金"、"利息调整"设置
		三、所有者权益类	
34	4001	实收资本	按投资者设置
35	4002	资本公积	按"资本溢价"、"其他资本公积"设置
36	4101	盈余公积	按"法定盈余公积"、"任意盈余公积"设置
37	4103	本年利润	核算企业当期实现的净利润或发生的净亏损
38	4104	利润分配	按"提取法定盈余公积"、"未分配利润"等设置
		四、损益类	
39	6001	主营业务收入	按主营业务的种类设置
40	6051	其他业务收入	按其他业务收入种类设置

序号	编号	会计科目名称	明细分类科目设置
41	6101	公允价值变动损益	按交易性金融资产项目等设置
42	6111	投资收益	按投资项目设置
43	6301	营业外收入	按营业外收入项目设置
44	6401	主营业务成本	按主营业务的种类设置
45	6402	其他业务成本	按其他业务成本的种类设置
46	6403	营业税金及附加	按营业税金及附加的项目设置
47	6601	销售费用	按费用项目设置
48	6602	管理费用	按费用项目设置
49	6603	财务费用	按费用项目设置
50	6701	资产减值损失	按资产减值损失项目设置
51	6711	营业外支出	按营业外支出项目设置
52	6801	所得税费用	按"当期所得税费用"、"递延所得税费用"设置

1.4 商品流转的核算方法

商品流转的核算方法就是指商业企业对库存商品的核算方法。由于企业的经济类型、经营性质、经营范围和管理要求不同，有的商业企业对商品按进价记账，有的按售进记账，有的对商品只记金额，有的对商品同时记数量和金额。商品流转的核算方法主要有数量进价金额核算法、售价金额核算法和进价金额核算法。

1.4.1 数量进价金额核算法

数量进价金额核算法是指商业企业对库存商品同时以实物数量和进价金额两种计量单位进行核算。它主要体现在库存商品明细账的设置和核算上，其基本内容包括：

1）进价记账。会计部门对库存商品总账和明细账的进、销、存金额均按进价登记。库存商品总账只登记进价金额，库存商品明细账同时登记数量和进价金额。

2）分户核算。在库存商品总账进价金额的控制下，按商品的品名、规格或等级分户进行商品明细核算。库存商品明细账对每种库存商品的增减和结存情况，既反映金额又反映数量。

3）设置类目账。如果商品流通企业经营品种繁多，还应设置库存商品类目账，以核算大类商品的进、销、存情况和控制所属各明细账。对于经营品种比较简单的商品流通小企业，库存商品可不设置类目账，直接用库存商品总账控制明细账。

4）结转成本。采用适当方法随时或定期计算和结转销售商品成本。商品销售成本即已销售商品的进价，商业企业可根据需要随时或定期结转商品销售成本。

数量进价金额核算法：①优点是能从数量和金额两方面反映库存商品的进销存情况，有利于业务部门、保管部门、财会部门相互协调、加强商品管理；②缺点是这种核算方法要求每笔购销业务均提供反映各种商品数量和金额的收付凭证作为记账依据，并按商品品种逐笔登记明细账，因此核算工作量较大；③这种核算方法适用于能按商品品种提供收付数量及金额的商业批发企业及农副产品采购企业。

1.4.2　售价金额核算法

售价金额核算法又称"售价记账、实物负责制"，是指商业企业在库存商品总账和明细账上对商品的购进、销售和结存均按售价记账，售价与进价的差额通过"商品进销差价"科目核算的一种核算方法。售价金额核算法的主要内容包括：

1）建立实物负责制。企业将所经营的全部商品按品种、类别及管理的需要划分为若干实物负责小组，确定实物负责人，实行实物负责制度。实物负责人对其所经营的商品负全部经济责任。

2）售价记账、金额控制。库存商品总账和明细账都按商品的销售价格记账，库存商品明细账按实物负责人或小组分户，只记售价金额不记实物数量。商品的购进（增加）、销售（减少）和结存（余额）均按售价反映。

3）设置"商品进销差价"科目。由于库存商品是按售价记账，对于库存商品售价与进价之间的差额应设置"商品进销差价"科目来核算。售价核算下，"库存商品"和"商品进销差价"账户应按商品类别或实物管理负责人设置明细账户进行明细分类核算。期末"库存商品"账户的期末余额（售价）减去"商品进销差价"账户的期末贷方余额，就是期末库存商品的进价金额。

4）定期实地盘点商品。实行售价金额核算必须加强商品的实地盘点制度，通过实地盘点，对库存商品的数量及价值进行核算，并对实物和负责人履行经济责任的情况进行检查。

售价金额核算法：①优点是把大量按各种不同品种开设的库存商品明细账归并为按实物负责人来分户的少量的明细账，从而简化了核算工作；②缺点是不反映商品数量，不利于加强商品管理；③这种方法主要适用于经营工业品的商业零售企业。

1.4.3　进价金额核算法

进价金额核算法又称"进价记账、盘存计销"，是指对库存商品按进价记账，商品的增加、减少和结存均按进价反映的一种核算方法。进价金额核算法的基本内容包括：

1）建立实物负责制，库存商品明细账都按实物负责人（营业柜组）分户。

2）库存商品的总账和明细账都按商品进价记账，只记进价金额，不记数量。

3）商品销售后按实收销货款登记销售收入，平时不计算结转商品销售成本，也不注销库存商品。

4）定期进行实地盘点商品，确定期末结存商品金额，再用以存记销的方法倒计出商品销售成本并据以转账。

进价金额核算法：①优点是简化了核算的手续，核算工作量相对较小；②缺点是不能随时反映商品的进、销、存数量，平时对商品经营中出现的问题也不易随时发现和处理；③这种方法主要适用于经营鲜活商品的零售企业。

练 习 题

一、填空题

1. 商品流通又叫_____，商品流通过程分为_____和_____两个主要经营环节。

2. 商品流通是指商品流通企业通过_____，将商品从_____向_____转移的过程。

3. 商品流通企业会计的核算重点是_____，中心环节是_____。

4. 商品存货以_____作为成本计价，购买商品发生的运杂费可以计入_____，也可在_____科目核算。

5. 会计六要素中，_____、_____、_____是反映财务状况的，_____、_____、_____是反映经营成果的。

6. 资产按流动性分为_____和_____；负债按流动性分为_____和_____。

7. 商业企业的会计科目包括_____、_____、_____、_____四类科目，没有_____类科目。

8. 商品流转的核算方法有_____、_____、_____三种。

9. 进价核算是以_____来反映和监督_____增减变化和结存的一种核算方法，又可分为_____和_____两种。

10. 批发和零售商品流转环节的业务都包括_____、_____和商品储存三个方面。

二、单项选择题

1. 商品流通企业的会计科目可以不设置（   ）科目。
   A. 资产类　　　B. 负债类　　　C. 损益类　　　D. 成本类

2. 商业企业的固定资产或库存商品，属于会计要素中的（   ）。
   A. 资产　　　B. 负债　　　C. 所有者权益　　　D. 收入

3. 企业的库存现金和银行存款属于资产中的（   ）。
   A. 流动资产　　　B. 长期投资　　　C. 固定资产　　　D. 所有者权益

4. 下列会计科目，不属于负债类科目的是（   ）。
   A. 短期借款　　　B. 应付账款　　　C. 预付账款　　　D. 应付票据

5. 下列会计科目，不属于所有者权益类科目的是（   ）。
   A. 实收资本　　　B. 资本公积　　　C. 本年利润　　　D. 应付股利

6. 会计科目是指对（   ）的具体内容进行分类核算的项目。

A．会计要素　　　　B．流动资产　　　　C．会计目标　　　　D．明细分类科目

7．资产按（　　）分类，可分为流动资产和非流动资产。

A．流动性　　　　B．固定性　　　　C．重要性　　　　D．来源

8．商业企业资产中的存货包括（　　）。

A．库存现金　　　　B．库存商品　　　　C．应收账款　　　　D．固定资产

9．商品流转的核算方法就是指商业企业对（　　）的核算方法。

A．库存商品　　　　B．在途物资　　　　C．销售费用　　　　D．主营业务收入

三、多项选择题

1．下列项目，属于企业流动资产的有（　　）。

A．银行存款　　　　B．短期借款　　　　C．固定资产　　　　D．应收账款

2．会计要素中的资产，其基本特点有（　　）。

A．由企业过去的交易或事项所形成

B．是企业拥有或控制的资源

C．预期会给企业带来经济利益

D．使用期限均超过一年

3．商品流转的核算方法主要有（　　）。

A．数量进价金额核算法　　　　　　　B．售价金额核算法

C．进价金额核算法　　　　　　　　　D．加权平均法

4．售价金额核算法的主要内容有（　　）。

A．建立实物负责制　　　　　　　　　B．售价记账、金额控制

C．设置"商品进销差价"科目　　　　D．定期实地盘点商品

5．商业企业对库存商品采用数量进价金额核算法，下列说法正确的有（　　）。

A．会计部门对库存商品总账和明细账的进、销、存金额均按进价登记

B．库存商品总账只登记进价金额，库存商品明细账同时登记数量和进价金额

C．库存商品总账和库存商品明细账同时登记数量和进价金额

D．库存商品总账采用金额核算，库存商品明细账采用数量核算

6．商品流通企业购进商品发生的运输费用，可以记入（　　）。

A．所采购商品的成本

B．在发生时直接计入当期损益（销售费用）

C．营业外支出

D．在发生时直接计入当期损益（管理费用）

7．商品流通企业的经营活动主要是组织商品流通，会计核算的重点内容是（　　）。

A．批发商品流转的核算　　　　　　　B．零售商品流转的核算

C．商品流通费的核算　　　　　　　　D．生产成本的核算

8．商业企业明细科目的设置可以是（　　）。

A．有的由国家统一会计制度（会计准则）规定

B. 有的按财产物资的名称设置

C. 有的按往来单位或个人名称设置

D. 有的按费用项目名称设置

四、判断题

1. 商品流通企业会计对象是指商业企业的资金及其运动。　　　　　　　（　　）

2. 会计科目是指对会计要素（资产、负债、所有者权益、收入、费用和利润）的具体内容进行分类核算的项目。　　　　　　　　　　　　　　　　　（　　）

3. 预付账款属于负债类账户，预收账款属于资产类账户。　　　　　　　（　　）

4. 商业企业的会计科目按其所提供信息的详细程度及其统驭关系不同，分为总分类科目和明细分类科目。　　　　　　　　　　　　　　　　　　　　（　　）

5. 商品流通企业会计科目分为五大类，即资产类、负债类、所有者权益类、成本类、损益类。　　　　　　　　　　　　　　　　　　　　　　　　　　（　　）

6. 商品流通过程主要是指商品购进、商品销售和商品储存过程。　　　　（　　）

7. 数量进价金额核算法是指商业企业对库存商品同时以实物数量和进价金额两种计量单位进行核算。　　　　　　　　　　　　　　　　　　　　　（　　）

8. 收入、费用和利润是反映商业企业一定时期经营成果的静态要素。　　（　　）

9. 商品流通企业购进的各项财产物资按实际成本计价，包括进价和采购过程中的各项附加费用。　　　　　　　　　　　　　　　　　　　　　　　（　　）

10. 资产是由于过去交易引起的、企业拥有或控制的、能以货币计量并能为企业提供经济利益的经济资源，包括各种财产、债权债务和其他权力。　　　　　（　　）

11. 进价金额核算法又称"进价记账、盘存计销"，是指对库存商品按进价记账，商品的增加、减少和结存均按进价反映的一种核算方法。　　　　　　　　（　　）

12. 进价金额核算法下，库存商品的总账和明细账都按商品进价记账，只记进价金额，不记数量。　　　　　　　　　　　　　　　　　　　　　　　（　　）

13. 售价金额核算法主要适用于经营工业品的商业零售企业。　　　　　　（　　）

14. 售价金额核算法下，企业的库存商品总账和明细账都按商品的销售价格记账。　　　　　　　　　　　　　　　　　　　　　　　　　　　　　（　　）

15. 商品企业在采购商品过程中发生的运输费用，应当计入所采购商品的成本。　　　　　　　　　　　　　　　　　　　　　　　　　　　　　　（　　）

16. 商品流通企业采购商品的进货费用金额较小的，也可以在发生时直接计入当期损益（销售费用）。　　　　　　　　　　　　　　　　　　　　　（　　）

17. 总分类科目由国家财政部在《企业会计准则应用指南》中统一规定。明细分类科目是对总分类科目作进一步分类。　　　　　　　　　　　　　　　（　　）

18. 商业企业必须根据实际发生的经济业务事项进行会计核算，编制财务会计报告。　　　　　　　　　　　　　　　　　　　　　　　　　　　　（　　）

第 2 章　批发商品流转的核算

【学习目标】
1. 掌握批发企业商品购进中支付货款和收到商品的核算;
2. 理解支付商品运输费用的核算,理解预付账款购进商品的核算;
3. 掌握批发商品正常销售的核算,理解预收账款销售商品的核算;
4. 掌握批发企业库存商品明细账的设置和登记方法;
5. 理解批发商品储存发生溢余或短缺的核算;
6. 理解商品销售进价成本的计算和结转方法。

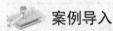 案例导入

　　长沙含光批发企业从长沙服装厂购进男式服装 500 件,每件进价 85 元,款项通过银行支付,商品验收入库;以后将男式服装销售给荷福商场 200 件,每件售价 98 元。假如你是含光批发企业的会计,对于购进的服装商品,怎样做账务处理?是按进价记账还是按售价记账?商品销售后其销售成本又如何计算和结转?库存商品明细账如何设置和登记?是只记金额还是同时记数量和金额?商品储存过程中发生溢余或短缺又如何核算?我们从今天开始学习批发商品流转的核算,来解决这些问题。

 ## 2.1　批发商品购进的核算

　　批发商品流转是指批发商业企业从工业企业购进商品,销售给零售商业企业或消费者的一种商品经营活动。批发企业在会计核算方面,不仅要反映商品增减及结存金额,而且还要提供各种商品增减和结存的数量。因此批发商品流转核算通常采用"数量进价金额核算法"。库存商品总账反映商品进价总额,库存商品明细账按商品的品名规格分户,登记各种商品的数量和进价金额。

　　商品购进是企业商品流通的起点。批发企业购进商品,应与供货单位签订合同,明确购买商品的品种、规格、数量、质量、价格、交货地点、时间、结算方式以及违约责任等。批发企业根据供货单位开出的增值税专用发票办理货款及税款的结算手续;商品交仓库验收,要填制商品验收单。财会部门根据供货单位的发货票,仓库的商品收货单及付款的结算凭证等进行商品购进的账务处理。

2.1.1 收货同时付款的核算

1. 购进商品支付货款与验收商品同时进行

批发企业商品购进的核算，对于验收商品与支付货款同时进行的，直接记入"库存商品"账户。"库存商品"账户属资产类账户，核算企业全部自有的库存商品，包括存放在仓库、门市部和寄存在外库的商品等。商品到达验收入库时记入本账户的借方，结转商品销售成本时记入本账户的贷方，月末借方余额表示库存商品的实际成本。本账户应按商品品名、规格、等级和存放地点设置明细分类账。购入商品发生的运输费用应计入商品的采购成本，金额较小的运输费用也可直接计入当期损益（销售费用）。

【例 2-1】 吉兴批发企业从本市大旺工厂购进甲商品，取得增值税专用发票（见表 2-1），商品验收入库（见表 2-2），货款采用转账支票（见表 2-3）结算。要求据此填制记账凭证（见表 2-4）。

表 2-1 增值税专用发票（发票联）

发 票 联   开票日期：2010 年 9 月 10 日

购货单位	名 称：吉兴批发企业 纳税人识别号：58760 地 址、电话：长沙市芙蓉北路 0731-2357888 开户行及账号：工商银行 8019				密码区			
货物或应税劳务名称	规格	单位	数量	单价	金额	税率	税额	
甲商品	42G	台	200	100	20 000	17%	3400	
合计					20 000.00		3400.00	
价税合计（大写）	贰万叁仟肆佰元整			（小写）¥23 400.00				
销货单位	名 称：长沙市大旺工厂 纳税人识别号：39620007891138 地 址、电话：长沙市黄花南路 0731-2915688 开户行及账号：建设银行 7015				备注			

收款人：高兰   复核：王国新   开票人：刘方   销货单位：大旺工厂章

表 2-2 商品验收单

供货单位：大旺工厂   2010 年 9 月 10 日   仓库：3

商品编号	商品名称	规格	计量单位	数量		实际价格				备注
				应收	实收	单价（元/台）	发票金额/元	运输费用	合计	
58	甲商品	42G	台	200	200	100	20 000		20 000	
合 计							20 000.00		20 000.00	

采购人：何乐   检验员：肖华   记账员：龙井   保管员：张灯

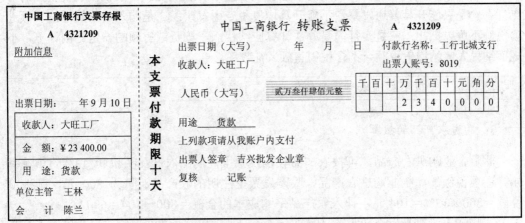

表2-3 中国工商银行 支票

表2-4 记账凭证

2010 年 9 月 10 日　　记 字第 23 号　　附件 3 张　　单位：元

摘　　要	会 计 科 目		借方金额	贷方金额	记账
	总账科目	明细科目			
购买商品	库存商品	甲商品	20 000		
	应交税费	应交增值税	3 400		
	银行存款	工行 8019		23 400	
合　　计			￥23 400.00	￥23 400.00	

会计主管：陈兰　　　出纳：张友　　　审核：龙兴　　　制单：高军

为节省篇幅，以下举例中，填制记账凭证改为编制会计分录。

购买商品时支付的增值税在"应交税费"账户核算，"应交税费"属于负债类账户，核算企业应交纳的各种税金（如增值税等），该账户贷方登记应交纳的税金，借方登记实际交纳的税金，期末贷方余额反映企业尚未交纳的税金，该账户应按税金的种类设置明细账。交纳增值税的一般纳税企业在"应交税费"总账账户下，应设置"应交增值税"明细账户，该账户的借方还应登记企业购买商品时向供应单位支付的进项税额，贷方登记企业销售商品时向购货单位收取的销项税额。

2. 一般纳税人和小规模纳税人的区分

增值税纳税人按会计核算是否健全和销售规模的大小分为一般纳税人和小规模纳税人。商业企业会计核算健全、年销售额在 80 万元以上的为一般纳税人；会计核算不够健全、年销售额在 80 万元以下的为小规模纳税人。一般纳税人增值税的税率为 17%，小规模纳税人税率为 3%。增值税一般纳税企业的特点有：一是可以使用增值税专用发票；二是购入货物取得的增值税专用发票上注明的增值税额进项税额可以用销项税额抵扣；

三是一般纳税人应交增值税＝当期的销项税额－当期的进项税额。小规模纳税企业的特点有：一是只能开具普通发票，不能开具增值税专用发票；二是购入货物的增值税额进项税额不可以抵扣；三是实行简易办法计算应纳税额，按照销售额的一定比例计算，小规模纳税人应纳增值税额＝不含税销售额×征收率。

注意	以下举例均为一般纳税人。

3. 购进农产品的核算

批发企业购进农产品，可按农产品收购发票上注明的农产品买价和 13%的扣除率计算进项税额。如企业购进农产品，收购发票上注明的农产品买价为 800 元，则进项税额＝800×13%＝104 元，计入农产品采购成本的金额＝800－104＝696 元。

【例 2-2】 某批发企业收购 A 农产品一批，收购价为 4200 元，以现金付讫，A 商品验收入库。农产品的进项税额＝4200×13%＝546（元）。作会计分录：

借：库存商品——A 农产品	3654
应交税费——应交增值税（进项税额）	546
贷：库存现金	4200

【例 2-3】 某批发企业从上海百货供应公司采购甲商品一批，增值税专用发票注明价款为 40 000 元，增值税额为 6800 元，全部款项通过支票结算。根据商品验收单及所附发货票、运费单据、支票存根等凭证，作如下会计分录：

借：库存商品——甲商品	40 000
应交税费——应交增值税（进项税额）	6800
贷：银行存款	46 800

4. 购进商品发生运输费用的核算

按增值税暂行条例规定，一般纳税企业购进或者销售货物过程中支付的运输费用，按照运输费用结算单据上注明的运输费用金额和 7%的扣除率可以计算进项税额。如果上例另以存款支付商品运费 800 元，并且运输费用计入所采购商品的成本，则运输费用的进项税额＝800×7%＝56 元，计入商品成本的运费＝800－56＝744 元。分录如下：

借：库存商品——甲商品（运输费用）	744
应交税费——应交增值税（进项税额）	56
贷：银行存款	800

如果本例运输费用因金额较小计入当期损益，则运输费用的进项税额＝800×7%＝56 元。计入销售费用的运费＝800－56＝744 元。分录如下：

借：销售费用——运杂费	744
应交税费——应交增值税（进项税额）	56
贷：银行存款	800

【练一练】 某商业批发企业购进 A 商品 2000 件，每件进价 41 元，增值税 13 940

元，商品运费 420 元（计入当期损益，按 7% 计算增值税进项税额），款项通过银行支付，商品验收入库。另以现金购进免税农产品一批，买价 950 元，已入库（按 13% 的扣除率计算进项税额）。要求分别作出会计分录。

5. 从小规模纳税企业购入商品的核算

批发企业从小规模纳税企业购入商品，取得普通发票，其进项税额（已体现在商品成本中）不得从销项税额中抵扣。购进商品时应借记"库存商品"，贷记"银行存款"等账户。如果批发企业是小规模纳税企业，购入商品取得普通发票或专用发票，其进项税额（应计入商品成本中）也不得从销项税额中抵扣，支付的商品运费不能计算进项税额。则购进商品时也应借记"库存商品"，贷记"银行存款"账户。

【例 2-4】　某商业批发企业（小规模纳税人）购进 B 商品 1000 件，每件进价 21 元，商品运费 320 元（计入当期损益），款项通过银行支付，商品验收入库。分录如下：

借：库存商品——B 商品　　　　　　　　　　　　　　　　　　21 000
　　销售费用——运杂费　　　　　　　　　　　　　　　　　　　320
　　贷：银行存款　　　　　　　　　　　　　　　　　　　　　21 320

2.1.2　先付款后收货的核算

批发企业购进商品时，对于先支付货款后收到商品的情况，应设置"在途物资"账户。"在途物资"账户属资产类账户，借方登记已支付货款但尚未验收入库的在途商品进价成本，贷方登记商品验收入库后转入"库存商品"账户的金额，月末借方余额反映企业在途商品的采购成本。该账户应按照供货单位、商品类别等设置明细账。

【例 2-5】　某批发企业向上海服装公司购入男衬衣 1000 件，每件进价 35 元，发票上增值税额为 5950 元，供方代垫运费 200 元（计入损益、假定不考虑增值税抵扣）。现收到银行转来上海服装公司托收凭证及所附的"增值税专用发票"、"运费结算单"等单据，审核无误承付全部款项。作如下会计分录：

借：在途物资——上海服装公司　　　　　　　　　　　　　　35 000
　　应交税费——应交增值税（进项税额）　　　　　　　　　　5950
　　销售费用——运杂费　　　　　　　　　　　　　　　　　　200
　　贷：银行存款　　　　　　　　　　　　　　　　　　　　41 150

数日后仓库转来"商品验收单"，服装如数验收入库，根据有关原始凭证，作分录：

借：库存商品——男衬衣　　　　　　　　　　　　　　　　　35 000
　　贷：在途物资——上海服装公司　　　　　　　　　　　　35 000

2.1.3　先收货后付款的核算

批发企业购进商品时，商品先到验收入库，已收到供货单位的发票账单，但货款尚未支付时，应通过"应付账款"账户核算。

【例 2-6】　某批发企业从武汉纺织品公司购买床单 100 床，单价 60 元，商品验收入库，托收凭证未到，款未付。作如下会计分录：

借：库存商品——床单　　　　　　　　　　　　　　　　　　6000

　　应交税费——应交增值税（进项税额）　　　　　　　　　1020

　　　贷：应付账款——武汉纺织品公司　　　　　　　　　　　　　　　7020

平时商品入库时，如果未收到供货单位的发票账单，货款尚未支付时，会计上可以不作账务处理，待供货单位托收单据到达承付款项时，再一并进行账务处理。但如果月末托收凭证仍未到达，货款未付，为了保证账实相符，则应进行账务处理。一般先按暂估价入账，借记"库存商品"账户，贷记"应付账款"账户，下月初再用红字冲销。待托收凭证单据到达后再将商品验收及货款承付的业务一并办理。

【知识拓展】购进商品发生短缺的核算

购进商品短缺，是指实收商品数量少于应收商品数量。购进商品发生短缺的原因有多种，主要有运输途中商品的自然损耗；供货单位的差错少发商品；运输事故造成的短缺或丢失等。发生商品短缺时，保管人员应根据实收商品数量，填制"商品验收单"，对于短缺的商品应填制"商品短缺报告单"。

批发企业购进商品发生短缺，在未查明原因时，应通过"待处理财产损溢"账户，查明原因后，应视不同原因分别处理转账。如系运输部门责任事故应借记"其他应收款"账户；系运输途中正常损耗，应借记"销售费用"账户；如系供货方少发，应要求退来货款或补发商品，借记"应付账款"账户或"银行存款"账户；系自然灾害造成的损失，应将扣除残料价值和保险公司赔偿款后的损失借记"营业外支出"账户；属其他原因造成损失，属本企业负担的借记"销售费用"账户。

【拓展举例】某批发企业收到仓库转来商品验收单和商品短缺报告单等，长宏公司发来的 C 商品 1000 千克，实收 900 千克，短缺 100 千克，短缺的原因待查。C 商品每千克 5 元，款项上月末已支付。根据有关凭证作如下会计分录：

借：库存商品——C 商品　　　　　　　　　　　　　　　　　4500

　　待处理财产损溢　　　　　　　　　　　　　　　　　　　　500

　　　贷：在途物资——长宏公司　　　　　　　　　　　　　　　　　5000

经查明，短少的 C 商品 100 千克，系供货方少发，现收到对方的电汇凭证（收账通知），收到退来货款 500 元及增值税额 85 元。作如下会计分录：

借：银行存款　　　　　　　　　　　　　　　　　　　　　　585.00

　　应交税费——应交增值税（进项税额）　　　　　　　　　85.00

　　　贷：待处理财产损溢——待处理流动资产损溢　　　　　　　　　500

2.1.4　预付账款购进商品的核算

预付账款购进商品，是指批发企业按合同规定，向供货单位预先支付部分货款，供货单位再定期交付商品的一种商品购进方式。

批发企业采用预付货款购进商品时，预先支付的货款，应通过"预付账款"账户核算。以后收到商品时，再作为商品购进处理。"预付账款"账户属于资产类，用来核算企业按照合同规定预先支付的货款。本账户借方记增加，贷方记减少，余额一般在借方，也可能有贷方余额。月末该明细账如有贷方余额，应填列在"资产负债表"上负债方"应付账款"项目内。

【例 2-7】 某批发企业与上海长东公司签订购销合同，购买 C 商品 1000 件，每件进价 200 元，合同规定先预付 50%货款，20 天后收到供货单位发来的商品。

1）根据购销合同预付货款时，作会计分录：

借：预付账款——长东公司　　　　　　　　　　　　　　　　100 000
　　贷：银行存款　　　　　　　　　　　　　　　　　　　　　　100 000

2）收到上海长东公司发来 C 商品 1000 件，验收入库，另 50%货款 100 000 元及税款 34 000 元尚未结算。作会计分录：

借：库存商品——C 商品　　　　　　　　　　　　　　　　　200 000
　　应交税金——应交增值税（进项税额）　　　　　　　　　　34 000
　　贷：预付账款——长东公司　　　　　　　　　　　　　　　234 000

> **注意** 　此时"预付账款"账户为贷方余额 134 000 元，表示尚未支付的货款。

3）实际结算另 50%货款 100 000 元及税款 34 000 元时，作会计分录：

借：预付账款——长东公司　　　　　　　　　　　　　　　　134 000
　　贷：银行存款　　　　　　　　　　　　　　　　　　　　　134 000

【练一练】上月预付了货款 30 000 元的 B 商品现已收到入库，进价 23 000 元，增值税 3910 元，余款尚未结算。要求作预付货款时和收到商品时的分录。

2.1.5 进货退出的核算

进货退出是指批发企业已验收入库的商品，由于某种原因不符合要求，经供货单位同意后，又将商品退回供货单位并收回原支付货款的业务。

发生进货退出业务，征得对方同意后，首先应写出申请进货退出的报告，报送当地税务机关，经批准后取得"国家进货退出及索取折让证明单"。购进商品时如果尚未支付货款，则发生进货退出时应冲减"应付账款"账户。如果已经支付了货款，退出商品时应收回的货款也应记入"应付账款"账户的借方（对同一往来单位，统一使用一个结算科目），退回的增值税额应用红字在"应交税费——应交增值税（进项税额）"借方反映。

【例 2-8】 某批发企业从长百工厂购进 D 商品 1000 件，每件进价 10 元，货款及税款原已支付，商品验收入库；拆包后发现其中 100 件质量不符，经与供货方联系同意退货。

1）根据仓库填报的红字"验收单"，"国家进货退出及索取折让证明单"，红字"发货票"等原始凭证，作如下会计分录：

借：应付账款——长百工厂　　　　　　　　　　　　　　　　1170
　　应交税费——应交增值税（进项税额）　　　　　　　　　　170
　　贷：库存商品——D 商品　　　　　　　　　　　　　　　　1000

2）收到银行转来长百工厂退回的货款及税款时，作会计分录：

借：银行存款   1170

  贷：应付账款——长百工厂   1170

【练一练】某批发企业 11 月 8 日购进 A 商品 2000 个，每个进价 7 元，增值税 2380 元，款项尚未支付，商品验收入库。11 月 15 日发现该批 A 商品中有 50 个质量不符，经与供货方联系，同意作进货退出处理，商品已退出，但货款 350 元及税款 59.5 元尚未结算。11 月 20 日以存款支付上项 A 商品款项 15 970.5 元。要求分别作 11 月 8 日、11 月 15 日、11 月 20 日的分录。

2.2 批发商品销售的核算

2.2.1 批发商品正常销售的核算

批发企业销售商品可由购货单位提出要货计划或双方签订商品购销合同，批发企业业务部门根据购销单位合同或协议中的商品品种和数量等填制"增值税专用发票"（见表 2-5）。

表 2-5 增值税专用发票

发 票 联   开票日期：2010 年 9 月 20 日

购货单位	名称：含光商店 纳税人识别号：280109845689895 地址、电话：长沙市芙蓉中路 218 号 0731-87295089 开户行及账号：工行长沙东塘支行 34475086					密码区		略	
货物或应税劳务名称	规格	单位	数量	单价	金额		税率	税额	
男衬衫	型号	件	1 000	140	140 000		17%	23 800	
合计					￥140 000.00			￥23 800.00	
价税合计（大写）	壹拾陆万叁仟捌佰元整（小写）￥163 800.00								
销货单位	名称：长沙圣达商业批发公司 纳税人识别号：460807 地址、电话：长沙市黄花中路 0731-3675450 开户行及账号：工行长沙五一路支行 86483929					备注			

收款人：张天   复核：赵洪   开票人：王兴   销货单位：圣达公司（章）

第三联 发票联 销货方记账凭证

批发企业销售商品，可采用支票、银行汇票、商业汇票、委托收款等方式结算货款。采用支票结算的应根据支票填写进账单（见表 2-6），连同支票一起送交开户银行办理结算。

表 2-6　中国工商银行进账单（收账通知）

2010 年 9 月 20 日　　　　　　　　　　　　　　　　湘 005 号

收款人	全　称	长沙圣达商业批发公司	付款人	全　称	含光商店
	账　号	86483929		账　号	238176342
	开户银行	工商银行五一路支行		开户银行	工行长沙东塘支行

人民币（大写）：壹拾陆万叁仟捌佰元整	百	十	万	千	百	十	元	角	分
	¥	1	6	3	8	0	0	0	0

票据种类	转账支票
票据张数	1

单位主管：高山	复核：易伟
会　计：龙兴	记账：李青

收款人开户行盖章
转账收讫

（中国工商银行五一路支行）

【例 2-9】　圣达商业批发公司向含光商店销售男衬衫，开出了"增值税专用发票"（见表 2-5），货款采用支票结算，已向银行进账（见表 2-6）。要求据此编制销售商品的记账凭证（见表 2-7）。

表 2-7　记 账 凭 证

2010 年 9 月 20 日　　记字第 56 号　　附件 2 张　　　　　　单位：元

摘　要	会 计 科 目		借方金额	贷方金额	记账
	总账科目	明细科目			
销售商品	银行存款	工行 8043	163 800		
	主营业务收入	服装类		140 000	
	应交税费	应交增值税		23 800	
合　计			¥163 800.00	¥163 800.00	

会计主管：张兰　　　　出纳：高友　　　　审核：陈兴　　　　制单：龙军

在会计核算上，商品销售收入应通过"主营业务收入"账户核算。"主营业务收入"属于损益类账户，用来核算企业销售商品的收入。发出商品取得货款或获得收取货款的权利时记贷方，月末收入结转"本年利润"账户时记借方，月末结转后应无余额。"主营业务收入"账户按商品类别分户进行明细分类核算。商品销售进价成本应通过"主营业务成本"账户核算。"主营业务成本"账户属损益类账户，用来核算企业商品的销售成本。销售商品随时或定期结转商品成本时记入借方，结转"本年利润"账户时记入贷方，月末结转后应无余额。"主营业务成本"账户应按商品类别或品种设置明细账户进行明细分类核算。

【例 2-10】　某批发企业向含光商店销售商品一批，售价 200 000 元，增值税销项税额 34 000 元，货款中 130 000 元收到支票已进账，其余货款尚未收到。作会计分录：

借：银行存款　　　　　　　　　　　　　　　　　　　　　　　130 000

　　应收账款——含光商店　　　　　　　　　　　　　　　　　104 000

贷：主营业务收入　　　　　　　　　　　　　　　　　　　　　　200 000
　　　应交税费——应交增值税（销项税额）　　　　　　　　　　　　 34 000

以后实际收到货款时，应借记"银行存款"账户，贷记"应收账款"账户。

> **注意**　企业销售商品时代垫的运费，也在"应收账款"账户核算。

假定，本例同时结转销售商品的进价成本 164 200 元时，作会计分录：

借：主营业务成本　　　　　　　　　　　　　　　　　　　　　　164 200
　　贷：库存商品　　　　　　　　　　　　　　　　　　　　　　　164 200

批发企业商品销售进价成本的结转，可以逐笔结转，也可定期结转。实际工作中，为了简化核算手续，一般在月末采用一定的计算方法计算出本月商品销售成本总额，并集中进行结转。商品销售平时只根据发货票记账联，将商品销售数量记入"库存商品明细账"贷方的数量栏中，并随时结出商品的结存数量。

【练一练】　某批发公司 9 月 20 日销售给兴民商场 B 商品 2000 千克，销售单价 5 元，增值税为 1700 元。商品发出时，以现金代垫运杂费 200 元，货款代垫运费及增值税额采用委托收款结算，已办妥托收，取回回单联。9 月 26 日接银行收账通知，托收款项已入账，要求分别作 9 月 20 日和 9 月 26 日的会计分录。

采用"商业汇票"结算方式销售商品，应以收到购货单位的商业汇票时间作为销售收入入账的时间，采用这种方式结算，应通过"应收票据"账户核算。该账户属于资产类账户，用来核算因销售商品等而收到的商业汇票，包括商业承兑汇票和银行承兑汇票。企业发出商品收到商业汇票，应作借记"应收票据"，贷记"主营业务收入"、"应交税费——应交增值税"账户；应收票据到期收到票据款时，应作借记"银行存款"，贷记"应收票据"账户。

【例 2-11】　某批发企业销售给宏大公司甲商品 400 件，每件 60 元，货款共计 24 000 元，增值税额为 4080 元，收到购货方交来 3 个月到期的商业承兑汇票。作如下会计分录：

借：应收票据——理大公司　　　　　　　　　　　　　　　　　28 080
　　贷：主营业务收入——甲商品　　　　　　　　　　　　　　　 24 000
　　　　应交税费——应交增值税（销项税额）　　　　　　　　　　 4080

本例，商业承兑汇票到期，收到票款时：

借：银行存款　　　　　　　　　　　　　　　　　　　　　　　28 080
　　贷：应收票据——理大公司　　　　　　　　　　　　　　　　 28 080

【知识拓展】　直运商品销售的核算

直运商品销售是批发企业从供货单位购进商品，不经过企业仓库储存，直接将商品发运给购货单位的一种商品销售方式。这种方式在征得供货单位和购货单位双方同意后，可以将商品从供货单位直接发运给购货单位，这样可以减少中间环节，节约流通费用，降低商品损耗，加快商品流转。

直运商品销售的特点：①购进的商品不通过本批发企业的仓库，在会计核算上不通过"库存商品"账户；②当供货单位将商品直拨给购货单位后，对批发企业来说购销业务同时发生，批发企业一方面向供货单位办理承付进货款的手续，反映商品的购进，另一方面向购货单位办理收取销货款的手续，反映商品的销售；③购销紧密结合，每批直运商品的购进款项，就是该批商品的销售成本，因此，直运商品销售时应逐笔结转商品销售进价成本。

批发企业组织直运商品销售业务，向供货单位支付进货款时，应作分录：借记"在途物资"、"应交税费——应交增值税"，贷记"银行存款"等账户。批发企业向购货单位收取销货款时，应借记"应收账款"或"银行存款"，贷记"主营业务收入"、"应交税费——应交增值税"账户；同时结转直运商品销售成本时，借记"主营业务成本"，贷记"在途物资"账户。发生的运输费用，由批发企业负担的记入"销售费用"账户。如果是由购货单位负担的运费，批发企业作代垫处理记入"应收账款"账户。

【拓展举例】　某食品批发公司将从江南食品厂购入的甲商品 500 千克，直拨给某县副食品综合商场，甲商品每千克进价 32 元、售价 40 元，增值税率均为 17%。批发公司会计分录：

1）以转账支票支付江南食品厂货款、税款时：

借：在途物资——江南食品厂　　　　　　　　　　　　　　　　16 000
　　应交税费——应交增值税（进项税额）　　　　　　　　　　2720
　　贷：银行存款　　　　　　　　　　　　　　　　　　　　　18 720

2）将甲商品直运给某县副食品综合商场，并委托银行向购货单位办理托收手续，取回回单时：

借：应收账款——某县副食品综合商场　　　　　　　　　　　　23 400
　　贷：主营业务收入　　　　　　　　　　　　　　　　　　　20 000
　　　　应交税费——应交增值税（销项税额）　　　　　　　　3400

同时结转销售成本：

借：主营业务成本——乙商品　　　　　　　　　　　　　　　　16 000
　　贷：在途物资——江南食品厂　　　　　　　　　　　　　　16 000

【练一练】　某批发企业从甲工厂购进一批 A 商品直运销售给丙商店，该批商品进价 31 000 元，增值税 5270 元；售价 36 000 元，增值税 6120 元，商品运费 700 元已由甲工厂代垫，应全部由批发企业负担。A 商品由丙商店验收，含税售价 44 100 元，批发企业已开出银行汇票向甲工厂结算货款，批发企业已收到丙商店的商业承兑汇票。要求作批发企业有关分录（支付进货款、收取销货款并结转销售成本）。

2.2.2　预收账款销售商品的核算

预收账款销售是指批发企业预先向购货单位收取货款，以后再发出商品的一种销售方式。采用预收货款方式销售商品，应以发出商品的时间作为商品销售收入的入账时间。

预先收款时，应通过"预收账款"账户，该账户属于负债类账户，用来核算企业按照合同规定向购货单位或个人收取的货款。向购货单位预收货款时，应借记"银行存款"，贷记"预收账款"账户；发货时作借记"预收账款"，贷记"主营业务收入"账户、"应交税费"账户。该账户的期末余额一般在贷方，但也可能在借方，月末该明细账的借方余额，应填制在"资产负债表"资产方"应收款项"项目内。

【例2-12】 某批发企业向含光商店出售甲商800台，每台售价40元，合同规定预收货款20 000元，其余货款交货时结清。该批商品进价成本每台35元，增值税率为17%。

1）批发企业收到含光商店预付货款时，应作会计分录：

借：银行存款 20 000
　　贷：预收账款——含光商店 20 000

2）以后发出甲商品40台，结清余款时，应作会计分录：

借：银行存款 17 440
　　预收账款——含光商店 20 000
　　贷：主营业务收入 32 000
　　　　应交税费——应交增值税（销项税额） 5440

3）随时或月末结转商品销售成本时，作会计分录：

借：主营业务成本 28 000
　　贷：库存商品——甲商品 28 000

【知识拓展】 委托代销商品的核算

某批发企业委托其他单位代销商品，事先应与受托方签订合同或协议，明确规定代销商品的品种、价格、数量等。对于发出的委托代销商品，应设置"委托代销商品"账户核算，该账户属资产类账户，用来核算企业委托其他单位代销商品的实际成本。将委托代销的商品发交给受托代销单位时，记入本科目借方；收到代销单位报来的代销清单时，确认收入并结转代销商品的销售成本时记入本科目的贷方，本科目的期末余额在借方，反映企业委托其他单位代销商品的实际成本。本科目应按受托单位设置明细账，进行明细分类核算。

【拓展举例】 A批发企业委托B企业代销甲商品1000件，每件协议价20元，成本价16元，增值税税率为17%。B企业将接受代销的甲商品已售出500件，开出代销商品清单与A企业结算款项。A批发企业（委托方）账务处理如下：

1）发出甲商品交付B企业代销时：

借：委托代销商品——B企业 16 000
　　贷：库存商品——甲商品 16 000

2）收到B企业代销清单及款项时：

借：银行存款 11 700
　　贷：主营业务收入 10 000
　　　　应交税费——应交增值税（销项税额） 1700

同时，结转委托代销商品的成本（500×16＝8000元）：

借：主营业务成本 8000
　　贷：委托代销商品——B企业 8000

2.2.3 销货退回的核算

批发企业将商品出售后，购货单位如发现商品的品种、规格、质量与合同规定不符，购货单位可提出理由，申请退货，批发企业同意后办理销货退回手续（收回商品、退出货款）。购货单位则作进货退出处理（退出商品、收回货款）。

批发企业发生销货退回，已确认收入，因此一般应冲减退回当月的销售收入，借记"主营业务收入"，贷记"银行存款"，用红字贷记"应交税金——应交增值税（销项税额）"，并在库存商品明细账贷方"销售数量"栏内，用红字冲销该项商品已付出的数量。如该项商品已结转销售成本，则除做上述分录外，同时还应冲销已结转的销售成本，借记"库存商品"，贷记"主营业务成本"账户。

【例 2-13】 某市百货批发公司上月销售给平安商场乙商品 200 件，每件售价 30 元，进价 22 元，货款上月已结清。现有 10 件因商品质量与合同不符，对方要求退货，经研究同意，商品退回仓库，并汇还货款。批发公司作如下会计分录：

    借：主营业务收入   300
        贷：银行存款   351
            应交税费——应交增值税（销项税额） $\boxed{51}$
    同时冲销已结转的销售成本：
    借：库存商品——乙商品   220
        贷：主营业务成本   220

【练一练】 某批发企业 12 月 3 日销售 A 商品 1500 个，每个售价 9 元，增值税 2295 元，货款尚未收到。12 月 7 日发现销出的该批 A 商品中有 100 个存在质量问题被购货单位退回，货款 900 元及税款 153 元尚未结算。12 月 11 日收到上项 A 商品货款 14 742 元存入银行。要求分别作批发企业 12 月 3 日、12 月 7 日、12 月 11 日的分录。

2.3 批发商品储存的核算

2.3.1 库存商品总账和明细账的设置与登记方法

1. 库存商品总账的设置和登记

批发企业的"库存商品总账"按总分类科目（一级科目）设置，只核算商品的进价金额，不核算商品的数量。总账账页格式采用三栏式（见表 2-8），库存商品总账可以根据记账凭证逐笔登记（见表 2-8），也可以根据科目汇总表定期登记（见表 2-9）。

1）根据记账凭证登记库存商品总账表，见 2-8。

表 2-8 总分类账

会计科目：库存商品　　　　　　　　　　　　　　　　　　　　　　单位：元

| 2010年 | | 凭证 | | 摘　要 | 借　方 | 贷　方 | 借或贷 | 余　额 |
月	日	字	号					
1	1			上年结转			借	95 000
	4	记	8	购进	107 145		借	202 145
	8	记	17	购进	130 955		借	333 100
	10	记	32	销售		203 000	借	130 100

2）根据科目汇总表登记库存商品总账，见表2-9。

表2-9 总分类账

会计科目：库存商品 　　　　　　　　　　　　　　　　　　　　单位：元

2010年		凭证		摘 要	借 方	贷 方	借或贷	余 额
月	日	字	号					
1	1			上年结转			借	95 000
	10	汇	1	1~10日发生	238 100	203 000	借	130 100
	20	汇	2	11~20日发生	215 700	224 300	借	121 500
	31	汇	3	21~31日发生	246 900	251 800	借	116 600
	31			本月合计	700 700	679 100	借	116 600

2. 库存商品明细账的设置和登记

批发企业的"库存商品明细账"（见表2-10）按商品的种类、品种和规格等设置明细账户进行明细核算。库存商品明细账一般采用数量进价金额核算的方法，账页格式采用数量金额式，库存商品明细账的借方反映商品增加，贷方反映商品减少，余额反映商品结存。企业要求对每一种库存商品同时反映实物数量和进价金额的增减变化和结存情况。库存商品明细账根据记账凭证及所附的原始凭证逐笔登记。

（1）随时计算和结转商品销售成本的企业

随时逐笔计算商品销售成本的企业指商品销售成本平时采用先进先出法、个别认定法或移动平均法进行计算的企业，库存商品明细账的借方栏登记购进商品的数量、单价和金额；贷方栏登记销售商品的数量、进货单价和金额；余额栏逐笔结出结存商品的数量、单价和金额。应当注意的是库存商品明细账中的单价是进货单价，贷方和余额栏的单价需要采用一定的方法计算出来，具体登记方法见表2-10。

表2-10 库存商品明细账

户名：丙商品　　　　　规格：0221E

年		凭证 字号	摘 要	借 方			贷 方			余 额		
月	日			数量/件	单价（元/件）	金额/元	数量/件	单价（元/件）	金额/元	数量/件	单价（元/件）	金额/元
1	1		上年结转							500	4.00	2 000
	5	记7	购进	2000	4.80	9600				2500	4.64	11 600
	10	记15	销售				1800	4.64	8352	700	4.64	3 248
	15	记26	购进	1000	5.00	5000				1700	4.85	8 248
	20	记38	销售				1100	4.85	5335	600	4.85	2 910

注：此明细账是在采用移动平均法下进行的登记。

（2）月末计算和结转商品销售成本的企业

月末集中结转商品销售成本的企业指商品销售成本采用月末一次加权平均法进行计算的企业，库存商品明细账的借方栏登记购进商品的数量、单价和金额；贷方栏平时只记销售数量，不记单价和金额；余额栏平时也只结出结存商品的数量，不记单价和金额。月末采用一定的方法计算出本月商品销售进价成本时，再在贷方登记销售商品的成本金额，在余额栏登记结存商品的数量、单价和金额，具体登记方法见表2-11。

表 2-11　库存商品 明细账

户名：丙商品　　　规格：0221E

年		凭证字号	摘要	借方			贷方			余额		
月	日			数量/件	单价（元/件）	金额/元	数量/件	单价（元/件）	金额/元	数量/件	单价（元/件）	金额/元
1	1		上年结转							500	4.00	2000
	5	记7	购进	2000	4.80	9600				2500		
	10	记15	销售				1800			700		
	15	记26	购进	1000	5.00	5000				1700		
	20	记38	销售				1100			600		
	30	记42	结转成本						13 756	600	4.74	2844

注：此明细账是在采用加权平均法下进行的登记。

2.3.2　批发商品储存溢余短缺的核算

1. 库存商品的盘点

库存商品在储存过程中，由于自然条件、工作差错或其他原因，可能出现商品实存数量和账存数量不符的情况，为了保证账实相符，保护商品安全，必须定期或不定期对库存商品的数量和质量进行清查盘点。批发企业库存商品的盘点，一般每季或每年全面盘点一次，遇有实物保管人办理移交或发现商品遭到盗窃、灾害等情况时，还应进行临时性盘点。盘点时，要根据各种商品的计量单位逐一点数计量，以确定全部商品实存数量。

商品盘点时，应填制"商品盘点表"（见表2-12）。在表内填写商品编号、品名、单位等，以及实际盘点结存商品的数量、单价和金额。

表 2-12　商品盘点表
2010 年 12 月 31 日

商品编号	品名	单位	数量	单价	金额/元	商品编号	品名	单位	数量	单价	金额/元
001	甲商品	件	300	6.00	1800	12	A商品	双	170	20.00	3400
002	乙商品	件	400	5.00	2000	22	B商品	个	210	9.00	1890
023	丙商品	只	150	3.00	450	32	C商品	只	92	7.00	644
合　　计						合　　计					

主管：王超　　　　　　　　实物负责人：杨渐　　　　　　制表：张安

商品盘点后，如果账存数量与实存数量不符，发生商品溢余或短缺时，应填制"商品溢余（短缺）报告单"，查明原因、确定处理意见后，按照规定的审批程序，报请批准处理。"商品溢缺报告单"一般格式见表2-13。

表 2-13　商品溢余（短缺）报告单

2010 年 12 月 31 日

材料名称	计量单位	实　存		账　存		盘　盈		盘　亏	
		数量	金额/元	数量	金额/元	数量	金额/元	数量	金额/元
甲商品	件	300	1800	305	1830			5	30
B 商品	个	210	1890	204	1836	6	54		
合　　计							54.00		30.00

盘点人：陈规　　　　　　保管人：杨渐　　　　　复核：李海　　　　　制单：张安

2. 商品盘点发生短缺的核算

商品盘点短缺是指实存商品的金额小于账存商品金额的差额。对发生的商品短缺在未查明原因前，应根据"商品溢缺报告单"，通过"待处理财产损益"账户的借方核算，待查明原因后，再转入有关账户。

商品短缺查明原因后，系正常损耗或由本企业负担的经营损失，记入"销售费用"账户；系责任事故归责任人赔偿，应记入"其他应收款"账户；系自然灾害造成非正常损失，归企业负担的部分，应记入"营业外支出"账户，归保险公司赔偿应记入"其他应收款"账户。

> **注意**　　商业企业库存商品发生正常经营损益，记入"销售费用"，不记入"管理费用"。

【**例 2-14**】　某批发企业期末盘点发现甲商品实存数量比账存数量少 5 件，每件进价 6 元，短缺原因待查，根据"商品溢余短缺报告单"（见表 2-13），作会计分录：

借：待处理财产损溢　　　　　　　　　　　　　　　　　　　　　　　30

　　贷：库存商品——甲商品　　　　　　　　　　　　　　　　　　　　　　30

经查明商品短少系管理不善造成，批准归企业报损核销。

借：销售费用——商品损耗　　　　　　　　　　　　　　　　　　　　30

　　贷：待处理财产损溢　　　　　　　　　　　　　　　　　　　　　　　30

如果商品短少系保管员责任，应由其赔偿时，应作会计分录：

借：其他应收款——某保管员　　　　　　　　　　　　　　　　　　　30

　　贷：待处理财产损溢——待处理流动资产损溢　　　　　　　　　　　　30

【**练一练**】　某企业因遭洪水使丙商品毁损 6000 元，已报保险公司待批，应结转增值税进项税额为 1020 元，作会计分录。如果毁损的丙商品由保险公司赔偿 4000 元，其余由企业负担，又怎样作会计分录？

3. 商品盘点发生溢余的核算

商品盘点溢余是指实存商品的金额大于账存商品金额的差额。在未查明原因或未批准处理前，应根据"商品溢余短缺报告单"，通过"待处理财产损溢"账户的贷方核算，待查明原因经批准后，再转入有关账户。商品溢余查明原因后，系商品自然升溢，报经批准后应冲减销售费用；如系销货时少发，应调整主营业务收入；如系购进时供货方多发，则应调整商品购进补付货款。

【例 2-15】　某批发企业期末盘点，发现 B 商品溢余 6 个，每个进价 9 元，溢余原因待查。根据"商品溢余短缺报告单"（见表 2-13），作会计分录：

借：库存商品——B 商品　　　　　　　　　　　　　　　　54
　　贷：待处理财产损溢　　　　　　　　　　　　　　　　　　54

查明原因系商品收发计量差错或无法查明原因，经批准予以转账。

借：待处理财产损溢——待处理流动资产损溢　　　　　　　54
　　贷：销售费用——商品损耗　　　　　　　　　　　　　　54

2.4　商品销售成本的计算和结转

2.4.1　商品销售成本的结转方法

商品销售成本的结转方法，有分散结转和集中结转两种。

1. 分散结转

分散结转是按照已销商品的每一个商品明细账，计算出每一种商品的销售成本，并在每一种商品明细分类账户的贷方栏内按日或按月结转销售成本数额，然后将逐笔汇总的销售成本在库存商品总账上结转的一种方法。这种结转的方式，账簿记载清晰，便于对各种商品进行考核，但计算手续较繁琐。

2. 集中结转

集中结转是平时在商品明细账的贷方栏中只记已销商品的数量，月末结转已销售的商品成本时，根据确定的库存商品进货单价直接在明细账上计算出并登记每种的库存商品的结存金额，然后加总全部库存商品明细账户的结存金额，按商品总账上的资料倒挤商品销售成本，即用"期初结存金额＋本期购进金额－期末结存金额＝本期已销商品销售成本"的公式计算出商品销售成本，据以编制记账凭证，在总账上计算结转成本的一种方法。

2.4.2　商品销售成本的计算方法

商品销售成本＝商品销售数量×单位进货成本。企业在销售商品以后应结转商品销售的实际成本，借记"主要业务成本"账户，贷记"库存商品"账户。由于商品的进货单价每次不一定相同，在采用数量进价金额核算的情况下，必须采用一定的方法来确定一个适当的单价。批发企业采用进价进行商品日常核算，商品销售实际成本的计算方法主要有先进先出法、个别认定法、加权平均法和毛利率计算法。商品销售进价成本的计算和结转时间有按日逐笔结转和按月定期结转。

1. 先进先出法

先进先出法是指以先购入的商品先发出销售这样一种存货实物流动假设为前提，对发出商品进行计价的一种方法。采用这种方法，先购入的商品成本在后购入的商品成本之前转出，据此确定发出存货和期末存货的成本。计算销售成本时先按第一次购进商品的实际进价计算，第一次购进商品销完以后，再按第二次购进的进价计算，依此类推；而期末结存的商品金额则应是最近入库的商品进价成本。

【例 2-16】 某批发企业采用先进先出法核算商品销售进价成本，根据 2010 年 7 月份丙商品的明细账资料，其计算方法见表 2-14。

表 2-14 库存商品明细分类账

品名：丙商品

2010年		凭证		摘 要	借 方			贷 方			余 额		
月	日	字	号		数量/件	单价（元/件）	金额/元	数量/件	单价（元/件）	金额/元	数量/件	单价（元/件）	金额/元
7	1			月初结存							200	10	2000
7	5	记	9	购进	400	12	4800				200 400	10 12	6800
7	10	记	18	销售				200 300	10 12	2000 3600	100	12	1200
7	15	记	31	购进	800	14	11 200				100 800	12 14	12400
7	24	记	48	销售				100 600	12 14	1200 8400	200	14	2800
7	31			本月合计	1200		16 000	1200		15 200	200	14	2800

采用先进先出法可以随时（逐笔）结转商品销售成本，可以随时计算出库存商品的结存金额，但登账工作比较繁琐。

【练一练】 某批发企业 A 商品月初结存 500 件，单价 40 元，本月购进 2000 件，单价 41 元，本月销售 A 商品 1000 件，每件售价 52 元，增值税 8840 元，款项收到存入银行。要求按先进先出法计算 A 商品销售成本和月末结存成本。

2. 个别计价法

个别计价法又称分批实际进价法，是认定每一件或每一批商品的实际进价，计算该件或该批商品销售进价成本的一种方法。在整批购进分批销售时，可以根据该批商品的实际购进单价，乘以销售数量来计算商品销售成本。其计算公式如下：

$$商品销售成本 = 商品销售数量 \times 该批次商品购进单价$$

【例 2-17】 本月共销售甲商品 6000 箱，其中属第一批采购的有 4000 箱，实际进货单价为 25 元；属第二批采购的有 2000 箱，实际进货单价为 26 元，要求采用分批实际法计算并结转甲商品销售成本。

本月甲商品销售成本 = 4000×25＋2000×26＝100 000＋52 000＝152 000（元），作

会计分录：

借：主营业务成本——甲商品　　　　　　　　　　　　　　152 000

　　贷：库存商品——甲商品　　　　　　　　　　　　　　　　152 000

采用个别计价法计算商品销售成本，计算准确，符合实际情况。但在存货收发频繁情况下，其发出成本分辨的工作量较大。适用于能分清进货批次的整批销售、整批购进的分批销售的企业及直运商品销售、委托代销商品等。

3. 加权平均法

月末一次加权平均法是指在一个月内，在月末时综合计算每种商品的加权平均单价，再乘以销售数量，计算商品销售成本的一种方法。其计算公式如下：

$$加权平均单价＝\frac{期初结存商品金额＋本期收入商品金额－本期非销售发出商品金额}{期初结存商品数量＋本期收入商品数量－本期非销售发出商品数量}$$

$$本期商品销售成本＝本期商品销售数量×加权单价$$

在计算公式中，本期非销售发出商品数量和金额，是指除销售以外其他情况下的商品发出，包括发出委托的代销商品、发出加工商品、盘亏商品等。这些非销售发出的商品，在发生时就已在库存商品账户予以转销，所以在期末计算加权平均单价时要剔除这些因素。

$$期末结存商品成本金额＝期末结存商品数量×加权平均单价$$

$$期末结存商品成本＝期初结存商品金额＋本期收入商品金额$$
$$－本期非销售发出商品金额－本期销售商品成本$$

【例 2-18】　某企业甲商品明细账资料如表 2-15 所示。要求根据资料采用加权平均法计算甲商品销售成本及期末库存金额。

$$甲商品平均单价＝\frac{8000＋21\,000＋24\,000－400}{2000＋5000＋5000－100}＝\frac{52\,600}{11\,900}＝4.42（元/千克）$$

$$甲商品期末库存金额＝900×4.42＝3978（元）$$

$$本月已销商品进价成本＝11\,000×4.42＝48\,622（元）$$

$$本月已销商品进价成本＝8000＋45\,000－400－3978＝48\,622（元）$$

表 2-15　库存商品明细分类账

品名：甲商品

年		凭证		摘　要	借　方			贷　方			余　额		
月	日	字	号		数量/千克	单价（元/千克）	金额/元	数量/千克	单价（元/千克）	金额/元	数量/千克	单价（元/千克）	金额/元
4	1	记		期初余额							2000	4	8000
4	10	记	16	购进	5000	4.2	21 000				7000		
4	12	记	24	销售				4000			3000		
4	20	记	28	购进	5000	4.8	24 000				8000		
4	25	记	32	销售				7000			1000		
4	28	记	38	盘亏				100	4	400	900		
4	30	记	40	月末转本						48 622	900	4.42	3978

【练一练】某批发企业（小规模纳税人）B 商品月初结存 800 件，每件进价 15 元，本月购进 2200 件，每件进价 16 元，本月销售 2000 件，每件售价 20 元，月末盘点 B 商品实存 950 件，短缺 50 件（每件进价 15 元）原因待查。要求分别作盘点短缺、按加权平均法计算 B 商品销售成本的分录。

4. 移动加权平均法

移动加权平均法是指以商品各次收入数量和金额与各次收入前的数量和金额为基础，计算出移动加权平均单价，再乘以销售数量，计算商品销售成本的一种方法。其计算公式为

$$移动加权平均单价 = \frac{本次收入前结存商品金额 + 本次收入商品金额}{本次收入前结存商品数量 + 本次收入商品数量}$$

$$商品销售成本 = 商品销售数量 \times 移动加权平均单价$$

【例 2-19】　某批发企业采用移动加权平均法核算商品销售进价成本，根据表 2-16 资料，计算如下：

表 2-16　库存商品明细分类账

品名：

2010年		凭证		摘　要	借　方			贷　方			余　额		
月	日	字	号		数量/千克	单价（元/千克）	金额/元	数量/千克	单价（元/千克）	金额/元	数量/千克	单价（元/千克）	金额/元
6	1			期初余额							500	3	1500
6	5	记	8	购进	1500	3.8	5700				2000	3.6	7200
6	10	记	15	销售				1700	3.6	6120	300	3.6	1080
6	20	记	32	购进	1700	4.5	7650				2000	4.365	8730
6	25	记	40	销售				1600	4.365	6984	400	4.365	1746

$$6 月 5 日购进后加权平均单价 = \frac{1500 + 5700}{500 + 1500} = 3.60（元/千克）$$

$$6 月 20 日购进后加权平均单价 = \frac{1080 + 7650}{300 + 1700} = 4.365（元/千克）$$

采用移动加权平均法，计算出来的商品销售成本比加权平均法更为均衡和客观，可随时结转销售成本，随时了解结存商品的成本金额，但计算工作量大。

【练一练】　某商业批发企业库存商品采用"数量进价金额核算法"。2010 年 4 月 A 商品收、发、存资料如表 2-17 所示。

表 2-17　A 商品收入、发出、结存资料

日　期	业务内容	原始凭证	数量/件	单价（元/件）	金额/元	备　注
1 日	月初结存		610	10	6100	
5 日	购进	商品验收单	700	11	7700	

续表

日　期	业务内容	原始凭证	数量/件	单价（元/件）	金额/元	备　注
10 日	销售	商品销售发票	800			售价 12 000 元
15 日	购进	商品验收单	650	12	7800	
20 日	销售	商品销售发票	720			售价 10 900 元
25 日	购进	商品验收单	800	13	10 400	
30 日	销售	商品销售发票	700			售价 11 800 元

　　要求：据此登记"库存商品——A 商品"明细账，见表 2-18～表 2-19（发出商品成本分别采用月末一次加权平均法和移动加权平均法计算）。

表 2-18　"库存商品——A 商品"明细分类账（加权平均法）

日　期	摘　要	借　方			贷　方			余　额		
		数量/件	单价（元/件）	金额/元	数量/件	单价（元/件）	金额/元	数量/件	单价（元/件）	金额/元

表 2-19　"库存商品——A 商品"明细分类账（移动加权平均法）

日　期	摘　要	借　方			贷　方			余　额		
		数量/件	单价（元/件）	金额/元	数量/件	单价（元/件）	金额/元	数量/件	单价（元/件）	金额/元

5. 毛利率计算法

　　毛利率计算法，是以本月的商品销售额乘以上季实际毛利率，匡算本月商品销售毛利，再据以计算本月商品销售成本和月末结存商品成本的一种方法。其计算公式如下：

本期商品销售成本＝本期商品销售额×（1－上季实际毛利率）

> **注意**　　商品销售毛利指商品销售收入与商品销售成本的差额，或者说是商品售价与进价的差额。毛利率是销售毛利与商品销售收入的比率，从销售收入中减去销售毛利就是销售成本。

【例 2-20】 某批发企业本月 A 类商品销售收入总额为 480 000 元,上季实际毛利率为 20%,要求计算并结转本月 A 类商品销售成本。

A 类商品销售成本＝480 000×（1－20%）＝384 000（元）

根据计算结果作会计分录:

借: 主营业务成本   384 000

  贷: 库存商品——A 类商品   384 000

毛利率计算法不是按每种商品计算销售成本,而是按全部或大类商品来计算的。它是一种简化的成本计算方法,但计算结果不够正确。因此一个季度内,前两月可采用毛利率法计算,在季末或年终应采用前述四种方法中的一种进行调整。毛利率法一般适用于经营商品品种较多、分品种计算商品销售成本有困难的商业批发企业。

【练一练】 某商业批发企业经营甲类商品,采用毛利率法计算商品销售成本,季度内前两个月的毛利率根据上季实际毛利率确定,该企业某年第一季度、第二季度甲类商品有关资料如下:

第一季度商品销售收入 540 万元,销售成本 459 万元,3 月末库存商品实际成本 360 万元。第二季度购进甲类商品成本 792 万元,其中 4 月、5 月、6 月份分别购进商品 270 万元、264 万元、258 万元（假定均为每月 20 日购进）。4 月份商品销售收入 310 万元,5 月份商品销售收入 410 万元。

假定 6 月末按一定方法计算的库存商品实际成本为 380 万元。

要求: 1）计算甲类商品本年第一季度实际毛利率;

   2）分别计算 4 月份、5 月份、6 月份甲类商品销售成本;

   3）分别计算 4 月末、5 月末、6 月末库存商品结存金额。

练 习 题

一、填空题

1. 批发商品流转核算通常采用_____方法,这是同时采用_____和_____两种计量单位反映_____情况的一种核算方法。

2. 批发企业库存商品总账反映_____,库存商品明细账按_____分户,登记各种商品的_____。

3. "在途物资"账户应按_____设置明细账,月末借方余额反映企业_____。

4. 销售商品办妥托收手续时应借记_____科目,商品销售收入通过_____科目核算,商品销售进价成本通过_____科目核算。

5. 商品销售进价成本的结转时间有_____和_____两种,结转方法有_____和_____两种。

6. 预收货款销售商品,应以_____时间作为商品销售收入入账的时间,销货退回一般应冲减退回当月的_____。

7. 商品盘点短缺指商品_____小于_____的金额，商品正常损耗在_____科目核算，非正常损失在_____科目核算。

8. 商品销售成本是指_____，商品销售成本的计算方法有_____、_____、_____、_____。

9. 采用加权平均法计算商品销售成本，顺算成本公式是_____，倒挤成本公式是_____。

10. 本月商品销售收入 300 万元，上季毛利率 21%，则本月商品销售成本为_____。

二、选择题

1. 批发商品流转企业计算销售成本的方法有（   ）。
   A．先进先出法　　　　　　　　B．个别计价法
   C．移动加权平均法　　　　　　D．毛利率法

2. 一般纳税人企业购进商品时应取得的原始凭证有（   ）。
   A．增值税专用发票　　　　　　B．商品验收单
   C．商品运费单据　　　　　　　D．付款结算凭证

3. 商品销售成本的结转方法有（   ）。
   A．先进先出法　　　B．集中结转法　　　C．加权平均法　　　D．分期结转法

4. 加权平均法下，下列登记库存商品明细账的方法中正确的有（   ）。
   A．购进商品，在借方同时登记购进数量、单价和金额
   B．销售商品，平时在贷方只登记销售数量，不登记单价和金额
   C．逐日在余额栏登记结存商品数量、单价和金额
   D．月末在余额栏登记结存商品数量、单价和金额

5. 批发企业对于商品流转核算的方法，下列说法正确的有（   ）。
   A．批发商品流转核算通常采用数量进价金额核算方法
   B．批发企业的库存商品总账反映商品进价总额
   C．批发企业的库存商品明细账按商品的品名规格分户
   D．批发企业的库存商品明细账登记各种商品的数量和进价金额

6. 批发企业对于购入商品发生的运输费用，处理正确的有（   ）。
   A．运输费用应计入商品的采购成本
   B．金额较小的运输费用也可直接计入销售费用
   C．运输费用不应计入商品的采购成本
   D．运输费用不能计算增值税进项税额

三、业务题

1. 练习商品购进的核算，要求作出含光批发公司下列经济业务的分录。

1）从正大工厂购进 A 商品 2000 千克，进货单价为 40 元，"增值税专用发票"注明货款为 80 000 元，增值税额为 13 600 元，商品验收入库，全部款项以转账支票支付。

2）仓库转来武汉发达公司增值税专用发票和收货单，该公司发来 B 商品 1000 千克，验收入库，发票注明 B 商品每千克 32 元，计 32 000 元，增值税额为 5440 元，货款及税款以银行汇票结算。

3）从仁和公司购进 C 商品 2000 千克，每千克 8 元，计 16 000 元，增值税额为 2720 元，商品验收入库，货款及税款以商业汇票结算。

4）上海一明公司发来 C 商品 5000 千克，每千克 9 元，计 45 000 元，增值税额为 7650 元，合计 52 650 元，按合同规定扣除预付的货款 15 000 元以外，其余款项开出电汇汇出其差额款。

5）上月从长民百货公司购进的甲商品，经检验发现其中 100 个质量与合同不符，经联系同意退货，根据办理的"进货退出及索取折让证明单"供货方红字"增值税专用发票"，仓库将商品退出，甲商品每个进价 21 元，增值税率 17%，退出商品款尚未收到。

6）以存款支付购买商品的运费 1200 元（可按 7%计算进项税额），分别按运输费用计入所采购商品的成本和计入当期损益两种情况作分录。

7）某商业批发企业（小规模纳税人）购进 F 商品 800 件，每件进价 42 元，商品运费 620 元（计入当期损益），款项通过银行支付，商品验收入库。

2．练习批发商品销售的核算，要求作出含光批发公司下列经济业务的分录。

1）销售给人民商场甲商品 50 件，每件售价 80 元，计 4000 元，增值税销项税额为 680 元，收到转账支票已进账。

2）销售给长谊商场乙商品 200 盒，每盒售价 100 元，增值税销项税额为 3400 元，当即收到转账支票计款项 9360 元，其余款项收到一个月到期的商业承兑汇票一份。

3）销售给长利商场丙商品 100 箱，每箱售价 30 元，计 3000 元，销项税额为 510 元，并以转账支票代垫运费 100 元，商品已发运，货款、税款及代垫费一并向银行办妥托收手续。

4）与人民商场签订合同，销售丁商品 500 件，预收货款 2000 元，10 天后交货并结清货款，现收到转账支票一份，预收货款 2000 元，存入银行。

5）销售给人民商场戊商品 500 件，每件售价 82 元，增值税额 6970 元，按合同规定抵扣预收货款 2000 元，其余款项已结清。

6）5 日，上月销售给长天商场的己商品 100 件因质量不符，同意退货。仓库收到退来的己商品 100 件，该商品每件售价 45 元，税额为 765 元。现汇去货款及税款，该种商品每件进价 32 元。

3．练习储存商品盘点溢缺的核算，作出下列经济业务的会计分录。

1）仓库盘点，因洪水毁损的 C 商品 14 000 元，现报主管部门及保险公司待批，该批商品增值税额为 2380 元。

2）一仓库送来商品盘点表，发现 A 商品盘亏 122 千克，A 商品平均单价为 4.5 元，B 商品盘盈 20 千克，每千克平均单价为 6 元，溢缺原因待查。

3）经查明原因，盘亏的 A 商品 22 千克，系自然损耗，100 千克系保管不善，经批准归保管员赔偿 40%，归企业核销 60%。盘盈的 B 商品 20 千克，系正常升溢，批准转账。

4）洪水毁损的 C 商品，现经主管部门及保险公司批准，归保险公司赔偿 8190 元，归企业报损 8190 元。

4. 练习商品销售成本的计算与结转，根据 B 商品明细账资料（见表 2-20），要求分别采用加权平均法、移动加权平均法计算出 B 商品销售成本及月末库存金额。

表 2-20　库存商品明细账

品名：B 商品

摘要	借　方			贷　方			余　额		
	数量/只	单价（元/只）	金额/元	数量/只	单价（元/只）	金额/元	数量/只	单价（元/只）	金额/元
结存							200	4.2	840
购进	400	4.4	1760				600		
销售				480			120		
购进	420	6	2520				540		
销售				400			140		

5. 练习库存商品明细账登记及商品销售成本计算。假定某企业采用移动平均法和加权平均法分别计算发出商品和结存商品的成本，4 月份甲商品有关资料如表 2-21 所示。

表 2-21　甲商品收发存资料

日期	摘要	数量/个	单价（元/个）	金额/元
1	月初结存	100	30	3000
5	购入	300	32	9600
10	发出	200		
15	购入	300	33	9900
20	发出	300		
30	结存	200		

要求：① 按移动平均法登记库存甲商品明细账（见表 2-22）并结账；

表 2-22　"库存商品——甲商品"明细账

年		摘要	借　方			贷　方			余　额		
月	日		数量/个	单价（元/个）	金额/元	数量/个	单价（元/个）	金额/元	数量/个	单价（元/个）	金额/元

② 按加权平均法登记库存甲商品明细账（见表 2-23），月末一次计算加权平均单价（保留两位小数）和商品销售成本。

表 2-23 "库存商品——甲商品"明细账

年		摘　要	借　方			贷　方			余　额		
月	日		数量/个	单价（元/个）	金额/元	数量/个	单价（元/个）	金额/元	数量/个	单价（元/个）	金额/元

6. 练习批发商品流转的数量进价金额核算方法。某批发企业为增值税一般纳税人，商品流转采用数量进价金额核算法。2010 年 9 月初 A 商品结存 600 件，单位进价 20 元，B 商品结存 400 件，单位进价 13 元。9 月份发生下列业务（见表 2-24），要求作出会计分录并登记库存商品明细账并结账（A 商品按加权平均法计算成本，B 商品按先进先出法计算成本）。

1）4 日，购入 A 商品 800 件，单价 22 元，购入 B 商品 700 件，单价 13 元，货款及增值税通过银行支付，商品尚未入库。

2）6 日，4 日购进的商品验收入库，A 商品实收 800 件，B 商品实收 700 件。

3）10 日，上月销售的 B 商品中有 50 件因质量问题被购货单位退回，并已验收入库，该商品单位售价 16 元，进价 13 元，货款 800 元及增值税 136 元已退给购货单位。

4）15 日，销售 A 商品 1100 件，每件售价 26 元，销售 B 商品 500 件，每件售价 17 元，货款及增值税收到存入银行（暂不结转销售成本）。

5）21 日，15 日销售的 A 商品中有 40 件因质量有问题被购货单位退回入库，货款 1040 元及增值税 176.8 元以存款退还给购货单位。

6）24 日，从某工厂购入 A 商品 500 件直运销售给某商场，该商品单位进价 21 元，货款 10 500 元及增值税 1785 元以存款向工厂支付，A 商品售价 25 元，货款 12 500 元及增值税 2125 元已通过银行办妥托收手续。

7）29 日，盘点发现 B 商品短缺 5 件，账面单价 13 元，假定系正常损失，全部由企业负担。

8）30 日，计算 A 商品加权平均单价（保留 4 位小数），月末 A 商品结存金额和本月 A 商品销售成本。

表 2-24　"库存商品——A 商品"明细分类账（加权平均法）

日　期	摘　要	借　方			贷　方			余　额		
		数量/件	单价（元/件）	金额/元	数量/件	单价（元/件）	金额/元	数量/件	单价（元/件）	金额/元

7. 综合练习批发商品流转的核算。某批发企业（一般纳税人）2010 年 10 月初甲商品结存 3200 件，单价 28 元，金额 89 600 元，10 月份发生下列经济业务，要求作出会计分录。

1）4 日，购进甲商品 6000 件，每件进价 29 元，计 174 000 元，增值税 29 580 元，运杂费 680 元（计入损益，不考虑增值税），款项以存款支付，商品验收入库。

2）14 日，4 日进货中有 50 件甲商品有质量问题，经与供货方联系同意退货，商品已退出并已收到供货方退回的货款 1450 元及税款 246.5 元。

3）19 日，销售甲商品 6400 件，每件售价 33 元，计 211 200 元，增值税 35 904 元，款项均已收存银行（月末结转销售成本）。

4）24 日，19 日销货中有 40 件甲商品因质量问题被购货方退回，经研究同意退货并当即汇还给购货方货款 1320 元及税款 224.4 元。

5）30 日，盘点发现甲商品实存数量 2780 件，账实不符，原因待查，按单价 28 元结转。以后查明系保管员责任事故，应由其赔偿。

6）31 日，要求根据上述资料计算加权平均单价，用加权平均法计算并结转甲商品的销售进价成本。

7）登记库存商品（甲商品）明细账，见表 2-25。

表 2-25　库存商品明细账

日　期	摘　要	借　方			贷　方			余　额		
		数量/件	单价（元/件）	金额/元	数量/件	单价（元/件）	金额/元	数量/件	单价（元/件）	金额/元

第 3 章　零售商品流转的核算

> **【学习目标】**
> 1. 掌握零售企业售价金额核算法下商品购进的核算;
> 2. 掌握零售企业商品销售的核算;
> 3. 掌握零售企业商品储存的核算及商品盘点溢余短缺的核算;
> 4. 能正确计算和结转已销商品应分摊的进销差价;
> 5. 理解进价金额核算方法下鲜活商品的核算。

 案例导入

　　长沙荷福零售商场从长沙含光批发企业购进男式服装 200 件,每件进价 98 元,每件售价 128 元。假如你是荷福零售商场的会计,对于服装商品的核算是采用数量进价金额核算法还是售价金额核算法?库存商品明细账是按商品的品种和规格设置明细账户,还是按商品的大类或实物负责人设置明细账户?每件服装商品的记账金额是按进价 98 元记录还是按售价 128 元记录?售价是含税售价还是不含税售价?零售企业对商品购进、销售和储存的核算与批发企业比较又有何不同?为了弄清这些问题,让我们赶快行动吧。

3.1　零售商品购进的核算

　　零售商品流转是指零售企业从批发企业或生产企业购进商品,直接销售给消费者的一种商品经营活动。零售商品购进是指商品零售企业为了销售,通过货币结算从批发企业或生产企业购进商品的交易行为,它是零售商品流转的起点。

3.1.1　商品购进的业务程序

1. 本地商品购进的业务程序

　　本地商品购进一般采用"送货制"或"提货制"交接商品,货款结算一般采用"支票"、"委托收款"、"商业汇票"等结算方式。

　　(1)采用送货制的一般业务手续及凭证传递程序

　　1)购货单位业务部门与供货单位签订购销合同,供货单位根据合同开具"发货票"(增值税专用发票或普通发票),其格式见表 3-1,并将商品送到购货单位。

2）商品送到后，购货单位业务部门按照合同审核发票，审核无误后在发票上签章，将发票交供货单位送货人到指定仓库或柜组交货。

3）仓库或柜组实物负责人验收商品后，填制"商品验收单"一式数联，其格式见表3-2，并加盖收货戳记，同时由验收人员签名或盖章，仓库或柜组留存一联"商品验收单"，据以登记商品保管账或编制"商品进销存报告单"，其余各联交供货单位送货人到财会部门结算货款。

4）财会部门对"商品验收单"和"发货票"进行审核，审查凭证手续是否完备，商品品名、数量、单价和金额是否正确，审核无误后签发转账支票或商业汇票，并在"商品验收单"上加盖付款戳记。"商品验收单"（财会联）、"发货票"及支票存根是据以核算商品购进的原始凭证。

表 3-1　湖南增值税专用发票

发 票 联　　　　　开票日期：2010 年 3 月 28 日

购货单位	名　称：大明市长青零售商店 纳税人识别号：0758630 地址、电话：星沙中路 259 号　0735-6184888 开户行及账号：工行星沙路支行 68528				密码区	（略）		
货物或应税劳务名称	规格	计量单位	数量	单价	金额	税率	税额
A 商品		千克	1000	2	2000	17%	340
合　计					2000.00		340.00
价税合计（大写）	贰仟叁佰肆拾元整				小写￥2340.00		
销货单位	名　称：大明市长进食品厂 纳税人识别号：0930892 地址、电话：大明市五一路 58 号　0735-7286888 开户行及账号：建行清荣支行 311918				备注	（略）		

表 3-2　商品验收单

供货单位：长进食品厂　　　收货：食品柜　　　2010 年 3 月 28 日　　　字第　　号

商品类别	品名规格	单位	购进价格			零售价格			商品进销差价/元	备注
			数量	单价（元/千克）	金额/元	数量	单价（元/千克）	金额/元		
副食	A 商品	千克	1000	2	2000	1000	2.8	2800	800	商品送货制
	合　计				2000.00			2800.00	800.00	

会计主管：肖军　　　　　复核：高中东　　　　　验收：张华　　　　　制单：陈兵

（2）采用提货制的一般业务手续及凭证传递程序

1）购货方根据购销合同指派专人到供货方选购商品，供货方开出"发货票"及"提货单"。

2）购货方业务部门审核无误后，将"发货票"及"提货单"转交财会部门。

3）财会部门审核无误后，根据"发货票"开出支票等结算凭证，连同"发货票"、"提货单"交专人到供货单位办理货款结算，凭供货方财会部门加盖戳记的提货单到指定地点提货。

4）仓库或柜组收到提货人员交来的"发货票"并验收商品，填制一式数联"商品验收单"，加盖验收章，留存一联，其余各联连同"发货票"一并转交财会部门进行商品购进核算。

2. 异地商品购进的业务程序

异地购进商品，一般采用"发货制"，也有"提货制"或"送货制"，货款结算采用"委托收款"、"银行汇票"或"电汇"等方式。其一般业务手续及凭证传递程序是：

1）供货方根据合同规定填制"发货票"一式数联，将商品委托运输部门发运到购货方指定的车站或码头，其中一联"发货票"随货同行。

2）商品发运后，供货方填制结算凭证连同"运货单"和"发货票"，向开户银行办理托收货款手续。供货方为购货方代垫的运杂费，一般与货款一并办理托收。

3）购货方财会部门收到开户银行转来的结算凭证及有关单证后，交业务部门核对合同，经财会部门审核后承付货款。

4）仓库或柜组负责验收商品，根据随货同行的"发货单"验收商品无误后，留存一联"商品验收单"登记商品保管账或编制"商品进销存报告单"，其余各联送财会部门审核记账。如商品验收发现问题，应由业务部门进行处理。

3.1.2　商品购进基本业务的核算

零售商品流转的核算方法一般采用"售价金额核算法"，即零售企业对商品购进、销售、储存的核算均采用售价记账，售价与进价的差额通过"商品进销差价"科目核算，通过库存商品售价总金额控制库存商品数量。零售商品购进的核算需设置"在途物资"、"库存商品"、"应交税费"、"商品进销差价"等账户。

"在途物资"是资产类账户，在商品零售企业核算购入商品时已经支付货款但尚未验收入库的在途商品的进价成本，该账户应按供应单位和商品品种设置明细账户。企业购入的商品已经到达并已验收入库、货款已经支付的不通过"在途物资"账户核算，而直接通过"库存商品"账户核算。

"库存商品"是资产类账户，在商品零售企业核算库存的各种商品的售价（含税零售价）时，平时商品的购进、销售均按售价计入该账户，期末借方余额反映企业各种库存商品的售价金额，该账户应按商品类别或实物管理负责人（营业柜组）设置明细账户。

"商品进销差价"账户是资产类账户，也是"库存商品"账户按售价记账时的调整账户，用来核算商品零售企业采用售价核算的商品售价与进价之间的差额。该账户的贷方登记因增加库存商品而相应增加的进销差价，借方登记因减少库存商品而相应减少的进销差价，余额一般在贷方，反映期末尚未销售的库存商品应保留的进销差价。该账户应按商品类别或实物管理负责人设置明细账户进行明细分类核算。期末"库存商品"账户的期末余额（售价）减去"商品进销差价"账户的期末贷方余额，就是期末库存商品的进价金额。

1. 本地购进商品的核算

零售企业在本地购进商品，通常采用支票结算，收货和付款一般可在当天完成。财会部门可根据供货单位的"发货票"及"结算凭证"，本企业的"商品验收单"进行账务处理。对于在付款的同时收到的商品，直接通过"库存商品"账户核算（售价记账）。

【例 3-1】 长青零售商店 3 月 28 日到本地长进食品厂购进 A 商品 1000 千克，每千克进价 2.00 元，计货款 2000 元，进项税额 340 元，款项开出转账支票（见表 3-3）付讫，A 商品由副食柜验收，每千克售价 2.8 元。

表 3-3 转账支票

支票正面

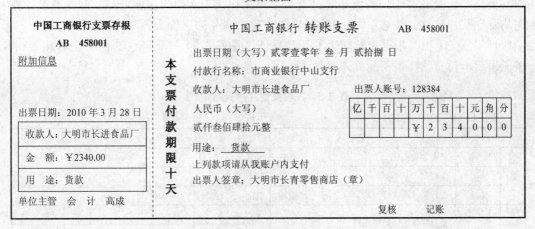

财会部门审核"发货票"（见表 3-1）、"商品验收单"（见表 3-2）、"支票存根"（见表 3-3）后，编制如下记账凭证（见表 3-4）。

表 3-4 记 账 凭 证

2010 年 3 月 28 日　　　　　　字第　　号　　　附件 3 张

摘要	会计科目		借方金额										贷方金额										记账
	总账科目	明细科目	千	百	十	万	千	百	十	元	角	分	千	百	十	万	千	百	十	元	角	分	
购买商品	库存商品	副食柜					2	8	0	0	0	0											
	应交税费	增值税					3	4	0	0	0												
	银行存款	工行 528															2	3	4	0	0	0	
	商品进销差价	副食柜																8	0	0	0	0	
合　　计						¥	3	1	4	0	0	0				¥	3	1	4	0	0	0	

会计主管：肖军　　　　出纳：刘伟　　　　审核：高中东　　　　制单：王小蓉

> 注意　　　为节省篇幅，以下举例不再采用具体凭证格式，而只编制会计分录。

【练一练】 某零售商店购进 B 商品 2000 个，每个进价 4 元，计货款 8000 元，进项税额 1360 元，款项开出转账支票付讫，B 商品由百货柜验收，每个售价 5.6 元。要求作会计分录。

2. 外地购进商品的核算

零售企业从外地购进商品，因商品由运输部门运送，而结算凭证由银行传递，因而可能会出现付款与收货同时、先付款后收货、先收货后付款三种情况。账务处理方法除了以售价记录"库存商品"账户外，与批发企业外地购进基本相同。

【例 3-2】 长青零售商店 3 月 29 日到从外地资阳市 A 工厂购进甲商品 100 瓶，专用发票上注明的进价 21 000 元，进项税额 3570 元，每瓶甲商品售价 280 元，根据收货与付款的不同情况分别处理如下：

（1）货款先付，商品后到

商品零售企业对于采购商品时已支付了货款但尚未入库的在途商品，应先通过"在途物资"账户核算。注意："在途物资"账户反映商品的进价金额。

1）3 月 31 日，根据银行转来的托收凭证（见表 3-5）等单证（其他单证略），经审核无误后承付货款，但商品尚未到达。

表 3-5　托收凭证（付款通知）

委托日期　2010 年 3 月 29 日　　　　　　　　　　　付款期限　2010 年 3 月 31 日

业务类型		委托收款（□邮划　　□电划 ）		托收承付（□邮划　　□电划 ）										
付款人	全称	长青零售商店	收款人	全称	资阳市 A 工厂									
	账号	068528		账号	012678									
	地址	工行星沙路支行		地址	建行五一路支行									
金额	人民币 （大写）	贰万肆仟伍佰柒拾元整			千	百	十	万	千	百	十	元	角	分
							¥	2	4	5	7	0	0	0
款项内容	货款	托收凭据 名　称	发票	附寄单证 张　数	1									
商品发运 情　况		已发运	合同名称 号　码	商品购销合同 042 号										
备注： 付款人开户银行收到日期 　　　　　年　月　日 复核　　　记账		付款人开户银行签章 　　　　　年　月　日		付款人注意： 根据结算办法规定，上列委托收款（托收承付）款项在付款期限内未提出拒付，即视为同意付款。										

长青商店根据有关原始凭证，作会计分录如下：

借：在途物资——A 工厂　　　　　　　　　　　　　　　　　　 21 000
　　应交税费——应交增值税（进项税额）　　　　　　　　　　 3570
　　贷：银行存款　　　　　　　　　　　　　　　　　　　　　　　　 24 570

2）商品到达，经百货柜验收，根据"商品验收单"等凭证，作如下分录：

借：库存商品——百货柜　　　　　　　　　　　　　　　　　　　　　　28 000
　　　贷：在途物资——A 工厂　　　　　　　　　　　　　　　　　　　　21 000
　　　　　商品进销差价——百货柜　　　　　　　　　　　　　　　　　　　7000

（2）商品先到，货款后付

1）收到商品验收入库时，对于发票账单已到但尚未支付的货款，在"应付账款"账户核算，作会计分录如下：

借：库存商品——百货柜　　　　　　　　　　　　　　　　　　　　　　28 000
　　应交税费——应交增值税（进项税额）　　　　　　　　　　　　　　　3570
　　　贷：商品进销差价　　　　　　　　　　　　　　　　　　　　　　　　7000
　　　　　应付账款——A 工厂　　　　　　　　　　　　　　　　　　　24 570

2）收到商品验收入库时，如果发票账单未到而尚未支付的款项，平时暂不作账务处理，待收到发票账单时再作账务处理。如果月末发票账单仍未到达，按应付给供应单位的价款暂估入账（只估进价），借记"库存商品"账户，贷记"应付账款"账户，下月初用红字作同样的分录，予以冲回，以便下月收到发票账单实际付款时再按正常程序作商品购进的处理。

【练一练】　某零售商店发生下列经济业务，要求据此编制会计分录。

1）购入 B 商品，买价 52 000 元，增值税 8840 元，款项以存款支付，商品未到。

2）上述 B 商品到达验收入库，售价 69 500 元。

3）购入 C 商品，买价 43 000 元，增值税 7310 元，商品已入库，售价 58 030 元。发票账单已收到，但款项尚未支付。

4）以存款支付购入 C 商品的款项 50 310 元。

（3）付款与收货同时进行

这是指支付货款与验收商品在同一天完成，根据商品验收单和付款单证，经审核无误后，作会计分录如下：

借：库存商品——百货柜　　　　　　　　　　　　　　　　　　　　　　28 000
　　应交税费——应交增值税（进项税额）　　　　　　　　　　　　　　　3570
　　　贷：商品进销差价　　　　　　　　　　　　　　　　　　　　　　　　7000
　　　　　银行存款　　　　　　　　　　　　　　　　　　　　　　　　24 570

（4）支付购进商品发生的运输费用

根据《企业会计准则（存货）》规定，商品流通企业采购商品的进货费用（运输费、装卸费、保险费等）金额较小的，可在发生时直接计入当期损益（销售费用），金额较大的进货费用应当计入所采购商品的成本。根据《增值税暂行条例》规定，企业购进或者销售货物以及在生产经营过程中支付的运输费用，按照运输费用结算单据上注明的运输费用金额和 7%的扣除率计算进项税额。

【例 3-3】　长青零售商店（一般纳税人）3 月 30 日从外地资阳市 B 工厂购进一批商品，商品运费单据（见表 3-6）上注明的运输费用金额 1200 元，货款和运费以存款支付，商品由百货柜验收。

表 3-6　货物运输业统一发票

2010 年 3 月 30 日

收货人及纳税人识别号	长青零售商店 05689	承运人及纳税人识别号	资阳市顺畅运输公司 03426
发货人及纳税人识别号	资阳市 B 工厂 003489	主管税务机关及代码	资阳市地税局 008
货物名称	××商品	重量及单位运价	600×2
其他项目金额	0	起运地——到达地	资阳市——大明市
运输费用金额（大写）	壹仟贰佰元整	¥1200.00	

1）运输费用计入所采购商品的成本。

运输费用的进项税额＝1200×7%＝84 元；计入商品成本的运费＝1200－84＝1116 元。

借：库存商品——百货柜（运输费用）　　　　　　　　　　　　　　1116

　　应交税费——应交增值税（进项税额）　　　　　　　　　　　　　84

　　　贷：银行存款　　　　　　　　　　　　　　　　　　　　　　1200

2）假定运输费用计入当期损益，分录如下：

借：销售费用——运输费用　　　　　　　　　　　　　　　　　　　1116

　　应交税费——应交增值税（进项税额）　　　　　　　　　　　　　84

　　　贷：银行存款　　　　　　　　　　　　　　　　　　　　　　1200

此外，零售商店购进农产品，可按农产品收购发票或者销售发票上注明的农产品买价和 13%的扣除率计算进项税额。如企业购进农产品，收购发票上注明的农产品买价为 900 元，则进项税额＝900×13%＝117 元，农产品采购成本的金额＝900－117＝783 元。

3. 预付货款购进商品的核算

企业按照合同规定因购进商品而预付的款项，先记入"预付账款"账户（资产类账户），以后收到商品时记入"库存商品"账户，并冲减"预付账款"账户，余款多退少补。

【例 3-4】　资阳市含光商店 3 月 31 日采用预付货款方式向南宁市电扇厂购进钻石牌电扇 100 台，每台进价 400 元，计 40 000 元，进项税额 6800 元，每台售价 520 元。现按合同规定开出"电汇凭证"（见表 3-7，填写完整），预付货款 20 000 元，余款 4 月 15 日收到商品时付清。

表 3-7　中国工商银行电汇凭证（回单）

委托日期：2010 年 3 月 31 日　　　　　　　　　第　　　号

汇款人	全　称	资阳市含光商店	收款人	全　称	南宁市电扇厂										
	账　号	201918		账　号	203953										
	汇出地点	资阳市中山路 218 号		汇入地点	南宁市五一路 23 号										
	汇出行名称	工商银行中山路支行		汇入行名称	建行五一支行										

			千	百	十	万	千	百	十	元	角	分
金额	人民币（大写）											

汇款用途：预付购买电扇款	汇出行盖章
款项已打入收款人账户。汇入行签章（略）	
复核　　　　　记账	

1）3月31日，预付款项时：

借：预付账款——某电扇厂 20 000

　　贷：银行存款 20 000

2）4月15日收到商品并支付所欠货款：

借：库存商品——家电柜 52 000

　　应交税费——应交增值税（进项税额） 6800

　　贷：银行存款 26 800

　　　　商品进销差价 12 000

　　　　预付账款——某电扇厂 20 000

【练一练】 某零售商店3月24日从E工厂购买丙商品，进价43 000元，增值税7310元，售价56 760元。要求分别按下列四种情况，作不同日期付款或收货的分录。

要求：① 3月24日，货款通过银行支付，同日商品验收入库；

　　　② 3月24日，货款通过银行支付，商品在4月10日验收入库；

　　　③ 3月24日，商品验收入库，货款3月31日通过银行支付；

　　　④ 3月24日，按合同预付账款45 000元，4月8日收到商品，差额以存款结算。

4. 小规模纳税企业购进商品的核算

商品零售企业年应税销售额在80万元以下的为增值税小规模纳税人。小规模纳税人购进商品时不反映增值税进项税额（如发票上有进项税额应记入购进商品的采购成本），购入商品时按商品售价借记"库存商品"账户，按进价贷记"银行存款"等账户，进价与售价之间的差额，贷记"商品进销差价"账户。

【例3-5】 某零售商店（小规模纳税人）4月3日购买C商品一批，取得普通发票（见表3-8），款已付，C商品已由百货柜验收，每台售价120元。

表3-8 销售发票

客户：零售商店　　　　　　　　　　　2010年4月3日

品　名	规　格	单　位	数　量	单　价	金　额	备　注
C商品		台	10	98	980	每台售价120元
合　　计					￥980.00	现金付讫

销售单位（盖章）　　　　　　复核：　　　　　　收款：　　　　　　制单：

作会计分录如下：

借：库存商品——百货柜 1200

　　贷：库存现金 980

　　　　商品进销差价——百货柜 220

注意	本章所列明的会计事项，除特别注明外，均指能取得增值税专用发票的一般纳税人的账务处理。

3.1.3　商品购进中进货退出的核算

零售企业购进商品验收入库后，由于某种原因（如折包上柜销售时发现品种质量与合同规定不符等），经与供货方协商同意后，又将商品退还给原供货单位称为进货退出。进货退出一般由业务部门填制红字"商品验收单"柜组据以退货。发生进货退出时，应按退出商品的售价冲减"库存商品"账户，同时相应冲减"商品进销差价"账户。因进货退出而减少的增值税，应从发生进货退出当期的进项税额中扣减，收到应由供货单位退还的货款应增加"银行存款"账户。

【例3-6】 某商店百货柜从某批发公司购进的甲商品，因有严重质量问题，双方协商同意作进货退出处理，该批商品进价1300元，增值税221元，售价1755元，收到红字专用发票，全部价款收到转账支票一张，作会计分录如下：

借：银行存款　　　　　　　　　　　　　　　　　　　　　　1521
　　应交税费——应交增值税（进项税额）　　　　　　　　　　221
　　商品进销差价——百货柜　　　　　　　　　　　　　　　　455
　贷：库存商品——百货柜　　　　　　　　　　　　　　　　　1755

【练一练】

1）某零售商店（小规模纳税人）购买F商品一批，进价3700元，款已付，商品已由百货柜验收，售价4550元。后来发现F商品中部分有质量问题，已退回给供货方，退出商品的进价615元，售价750元。要求分别作购进商品和进货退出的分录。

2）某零售商店（一般纳税人）11月2日购进甲商品1000个，每个进价4元，增值税680元，款项以存款支付。同日，商品由百货柜验收，每个售价6元。11月15日发现所购上项甲商品有50个存在质量问题，经与供货方协商同意作进货退出处理，已退出商品并收到供货方退来的货款及税款。要求分别作11月2日，11月15日的分录。

3.2　零售商品销售的核算

3.2.1　零售商品销售的业务程序

零售商品销售是指商品零售企业将商品销售给消费者个人（居民）或单位集体消费，以实现商品价值，取得销售收入的过程。这是商品流转的最终环节，其一般业务是销货收款和缴款报账。

1. 销货收款

零售商品销售的主要对象是广大个人消费者，收取的货款主要是现金。收取货款的主要方式一般有两种：一种是采用一手交钱一手交货的方式，由营业员直接收款和销货，收款和销货在柜台同时完成；另一种是设置收款台由收款员集中收款，销售商品时，由营业员开具销货凭证，购买者据以向收款台交款，然后持盖有收款台"现金收讫"印章的销货凭证向营业员提取商品。此外，超市商场实行敞开货架，顾客自选商品，在商场出口处由收银员用收银机收款，手续简便，效率较高。

2. 缴款报账

零售商品销售一般都是现金交易，为了加强对销货款的管理，保证现金安全，防止差错，必需严格执行现金管理条例的规定，各营业柜组每天营业终了后，应及时将货款送存银行。缴款方式也有两种：一种是分散缴款，即由营业员自行将销货款送存银行；另一种是集中缴款，即由营业员或收款员将销货款送交财会部门出纳员，再由出纳员集中送存银行。缴款时应填制"内部缴款单"、"现金存款单"，连同销货款送缴企业财会部门或银行，取回回单。实物负责人应逐日或定期根据"内部缴款单"（见表 3-9）、"现金存款单"等有关凭证编制"商品进销存报告单"（见表 3-10）。

表 3-9 内部缴款单

交款部门： 　 　 　 　 　 20 　年 　月 　日 　 　 　 　 　 单位：元

项　目	摘　　要	应交金额	实交金额	长　款	短　款	备　注
现　金						
支　票						
其他票据						
合　计						
人民币	（大写）					

（有关人员签章）

表 3-10 商品进销存报告单

填报部门： 　 　 　 　 　 2010 年 4 月 10 日 　 　 　 　 　 单位：元

增　　加		减　　少		备　　注
项　目	金　额	项　目	金　额	
上期结存	57 800	本期销售	125 000	
本期进货	103 100	本期拨出		
本期拨入		降价减值		
提价增值		本期短缺		
本期溢余		本期结存	35 900	
合　计	￥160 900.00	合　计	￥160 900.00	

（有关人员签章）

"商品进销存报告单"的填制方法是：上期结存根据上期商品进销存报告单的本期

结存项填列；本期购进项根据"商品验收单"有关数字填列；本期拨入和本期拨出根据"商品内部调拨单"填列；提价增值和降价减值两项根据"商品变价单"有关数字填列；本期长余和本期短缺两项根据"商品溢余（短缺）报告单"有关数字填列；本期销售项根据"内部缴款单"的合计金额填列；本期结存项根据上期结存加上各项收入商品减去各项付出商品后的金额填列。"商品进销存报告单"的增加和减少两大部分的合计数应相等。

3.2.2 零售商品销售的核算

1. 门市正常销售的核算

零售企业商品销售业务的核算主要是通过"主营业务收入"和"主营业务成本"这两个损益类账户进行的。门市销售核算的程序如下：

（1）销售实现，反映商品销售收入

零售企业向消费者个人销售商品，不得开具增值税专用发票，而是采用销售额和销项税额合并定价的方法收款，所以销售额为含税销售额。财会部门根据各实物负责人编制的商品进销存报告单、销货报表及款项送存银行的回单，借记"银行存款"账户，贷记"主营业务收入"账户（含税的销售额）。

为了正确反映企业不含税销售收入，同时也为了计算销项税额，在会计处理上有两种方法，一是在平时销售实现时，就计算出应交增值税销项税额，其计算公式为

$$销售额＝含税销售额/（1＋增值税率）$$
$$销项税额＝销售额×增值税率$$

根据计算结果，借记"银行存款"（含税销售额），贷记"主营业务收入"（不含税销售额），贷记"应交税费—应交增值税"（销项税额）。二是为了简化核算，在征得税务机关同意后，平时销售实现时，暂按含税销售额反映销售收入，月末再按以上计算方法分离出增值税销项税额，即在销售实现时，借记"银行存款"（含税销售额），贷记"主营业务收入"（含税销售额）。月末调整时再借记"主营业务收入"，贷记"应交税费—应交增值税"（销项税额），将平时按含税销售额暂记的"主营业务收入"调整为不含税的"主营业务收入"。本章采用第二种处理方法。

（2）销售实现，同时结转商品销售成本

商品销售除反映销售收入外，同时还要注销库存商品并反映销售成本。《企业会计准则应用指南》规定，采用售价核算库存商品的，平时的商品销售成本按售价结转，月末再集中结转本月销售商品应分摊的商品进销差价，将销售商品的售价成本调整为进价成本。所以实行售价金额核算的零售企业，平时商品销售在反映"主营业务收入"增加的同时，暂按售价借记"主营业务成本"，贷记"库存商品"账户。

【例3-7】 某零售企业4月10日各营业柜组含税销售额为125 000元，其中成衣柜46 000元，百货柜31 500元，鞋帽柜47 500元，根据各柜组报来的"现金存款单"（见表3-11）和"商品进销存报告单"（见表3-10）等凭证作会计分录。

表 3-11 工商银行现金存款单（回单）

存款日期　　　　　　　　　　2010 年 4 月 10 日

存（缴）款单位名称	长青零售商店	开户银行及账号	工行星沙路支行 068528								
款项来源	货款		存 入 金 额								
（解缴部门）	成衣柜、百货柜、鞋帽柜		百	十	万	千	百	十	元	角	分
人民币（大写）　壹拾贰万伍仟元整			￥	1	2	5	0	0	0	0	0

券 面	张 数	金 额	券 面	张 数	金 额	上列款项业已收妥
壹佰元	1000	100 000	贰元			收款银行盖章
伍拾元	400	20 000	壹元			
贰拾元	200	4 000	伍角			
拾元	100	1 000	贰角			会计：　　　　复核：
伍元			壹角			记账：　　　　出纳：

零售企业财会部门审核无误后，作商品销售的会计分录如下：

借：银行存款——工行　　　　　　　　　　　　 125 000
　　贷：主营业务收入　　　　　　　　　　　　　　　　125 000（含税售价）

同时：

借：主营业务成本　　　　　　　　　　　　　　 125 000（含税售价）
　　贷：库存商品——成衣柜　　　　　　　　　　　　　 46 000
　　　　　　　　——百货柜　　　　　　　　　　　　　 31 500
　　　　　　　　——鞋帽柜　　　　　　　　　　　　　 47 500

零售销售必需加强货款核对工作，每日营业终了，无论采用哪种销售收款方式，营业员或收款员应根据销货凭证或销货记录与货款进行核对，如有不符应填写"长（短）款报告单"，报送财会部门，在未查明原因前先记入"待处理财产损溢"账户，待查明原因后，根据不同情况再进行账务处理。

【练一练】　某零售商店本日含税销售额为 58 610 元，其中收到现金部分的"现金存款单"回单 41 027 元，收到支票部分的"进账单"收账通知 11 722 元，另有某固定客户货款 5861 元尚未结算。要求作销售实现、结转成本的分录，并计算不含税销售额。

（3）月末结转已销商品的进销差价

零售企业月末要按一定的方法计算出已销商品应分摊的进销差价，借记"商品进销差价"账户，贷记"主营业务成本"账户，从而将平时按售价结转的主营业务成本调整为进价成本。详见"3.4 已销商品进销差价的计算和结转"。

2. 受托代销商品的核算

受托代销商品业务指零售企业接受其他单位委托而代销商品的活动，企业开展受托代销商品业务时，应与委托方签订代销合同或协议，售出代销商品后，应及时或至少按月向委托方报送代销商品清单（载明售出商品的名称、数量、销售单价和销售金额等），并将货款及时支付给委托方。零售企业受托代销商品通常有收取手续费和视同买断两种方式。如果委托方和受托方之间的协议明确标明，将来受托方未能将商品售出时可以将商品退回给委托方的称为收手续费方式，否则视为买断方式。受托方在这两种方式下都要设置"受托代销商品"和"受托代销商品款"两个账户，前者是资产类账户，后者是负债类账户，均反映接受代销商品的协议价。

（1）采用收取手续费方式代销商品的核算

这种方式是指受托方根据所销的商品数量，向委托方收取手续费的代销方式，在这种方式下，受托方通常按照委托方规定的价格销售商品，不得自行改变售价。代销商品销出后，受托方不反映商品销售收入，按协议约定的方法计算确定的手续费（一般为其他业务收入），受托方收取的手续费收入实际上是一种劳务收入。其核算程序如下：

1）企业收到受托代销的商品时，按约定的价格，借记"受托代销商品"账户，贷记"受托代销商品款"账户。

2）售出受托代销商品后，所收到的货款应支付给委托方。受托方按实际收到的金额，借记"银行存款"账户，贷记"应付账款"账户，同时按协议价借记"受托代销商品款"账户，贷记"受托代销商品"账户。

3）支付给委托方代销款项并结算代销手续费时，借记"应付账款"账户，贷记"其他业务收入"、"银行存款"账户（扣除了手续费收入）。

【例 3-8】 某零售商店 4 月 8 日与甲单位（委托方）签订代销协议，采用收取手续费方式代销 A 商品 300 件，每件协议价 200 元，4 月 25 日商店销出全部 A 商品，售价 260 元（含税），收到货款 78 000 元，并向甲单位开出了代销清单，4 月 30 日商店按售价的 10%计算出应向甲企业收取的手续费收入 7800 元，并向甲企业支付了代销商品款 70 200 元。

该零售商店（受托方）应作如下分录：

1）4 月 8 日收到受托代销的商品：

借：受托代销商品——A 商品　　　　　　　　　　　　　　　　60 000
　　贷：受托代销商品款——甲企业　　　　　　　　　　　　　　　60 000

2）4 月 25 日实际售出受托代销的商品，收到货款存入银行：

借：银行存款　　　　　　　　　　　　　　　　　　　　　　　78 000
　　贷：应付账款——甲企业　　　　　　　　　　　　　　　　　　78 000

同时冲销受托代销商品和代销商品款（本例不考虑增值税）：

借：受托代销商品款——甲企业　　　　　　　　　　　　　　　60 000
　　贷：受托代销商品——A 商品　　　　　　　　　　　　　　　　60 000

3）4 月 30 日计算代销手续费收入并结算代销款项：

借：应付账款——甲企业　　　　　　　　　　　　　　　　　　78 000
　　贷：其他业务收入　　　　　　　　　　　　　　　　　　　　　7800
　　　　银行存款　　　　　　　　　　　　　　　　　　　　　　70 200

（2）采用视同买断方式代销商品的核算

这种方式是指受托方与委托方签订协议，受托方按协议价向委托方支付货款，实际售价由受托方自定，实际售价与接收价之间的差额归受托方所有的销售方式（受托方不再收取手续费）。这种方式下受托方将代销商品销售后，应按实际售价反映商品销售收入，并向委托方开具代销清单。其核算程序如下：

1）企业收到受托代销的商品时，按约定的价格，借记"受托代销商品"账户，贷记"受托代销商品款"账户。

2）售出受托代销的商品后，反映销售收入，按售价借记"银行存款"账户，贷记"主营业务收入"账户。

3）结转代销商品的销售成本时，按协议价借记"主营业务成本"账户，贷记"受托代销商品"账户，同时按协议价反映应付给委托方的款项，借记"受托代销商品款"账户，贷记"应付账款"账户，待按协议价实际支付给委托单位的代销款项时，再冲减"应付账款"账户。

【例 3-9】 某零售商店 4 月 12 日与甲企业（委托方）签订代销协议，采用视同买断方式代销 A 商品 300 件，每件接收价 200 元，售价 280.80 元（含税），4 月 26 日商店售出全部 A 商品并向甲企业开出了代销清单，但代销款项尚未与甲企业结算。零售商店（受托方）应作分录如下：

1）4 月 12 日收到代销的商品：

借：受托代销商品——A 商品　　　　　　　　　　　　　　　　60 000
　　贷：受托代销商品款——甲企业　　　　　　　　　　　　　　60 000

2）4 月 26 日实际售出受托代销的商品，收到货款存入银行：

借：银行存款　　　　　　　　　　　　　　　　　　　　　　84 240
　　贷：主营业务收入　　　　　　　　　　　　　　　　　　　　84 240

同时结转代销商品的成本：

借：主营业务成本　　　　　　　　　　　　　　　　　　　　60 000
　　贷：受托代销商品——A 商品　　　　　　　　　　　　　　　60 000

3）结转应付给委托单位的款项：

借：受托代销商品款——甲企业　　　　　　　　　　　　　　60 000
　　贷：应付账款——甲企业　　　　　　　　　　　　　　　　60 000

如果以后零售商店收到了甲企业（委托方）开来的增值税专用发票，发票上注明售价 60 000 元，增值税 10 200 元，代销款项已支付给甲企业。则零售商店应作如下分录：

借：应付账款——甲企业　　　　　　　　　　　　　　　　　60 000
　　应交税费——应交增值税（进项税额）　　　　　　　　　　10 200
　　贷：银行存款　　　　　　　　　　　　　　　　　　　　　70 200

3. 销货退回的核算

零售企业对外销售的商品如果质量有问题被退回，应冲减退回当期的销售收入，按应冲减的销售收入，借记"主营业务收入"账户，按退还的金额，贷记"银行存款"账户。对于退回的商品因已结转销售成本，应借记"库存商品"账户，贷记"主营业务成本"账户。

3.3 零售商品储存的核算

3.3.1 库存商品盘点发生溢缺的核算

零售企业实行售价金额核算，平时对于商品购进、销售、储存都只记金额，不记数量，用金额控制数量。而各实物负责人经管的商品是不断发生变化的，只有通过盘点，才能反映库存商品数量，核算库存商品价值。因此，零售企业每月必须实行全面盘点，以便确定商品数量，核实各实物负责人库存商品账户的金额。

商品盘点时应填制"商品盘点表"（见表 3-12），并正确计算商品盘点表上的销售单价和商品售价总金额。然后与营业柜组、实物负责人商品明细账的结存金额进行核对，当发生溢余或短缺等账实不符的情况，应由实物负责人填制"商品盘点溢缺报告表"（见表 3-13），报财会部门经审批后处理。

表 3-12 商品盘点报告表

字第　　　号

实物负责人：毕道民　　　　　　××年 4 月 30 日　　　　　　单位：元

商品编号	品名	单位	数量	零售单价	金额	备注
	A 商品	个	800	20	16 000	
	……				……	
	合　　计				56 400.00	

（有关人员签章）

表 3-13 商品盘点溢缺报告表

字第　　　号

实物负责人：张晓晨　　　　　　××年 4 月 30 日　　　　　　单位：元

账面金额	实存金额	溢余金额	短缺金额	原因
56 200.00	56 400.00	200.00		待查
领导批示		财会部门意见		实物负责人意见

（有关人员签章）

1. 商品盘点溢余的核算

商品盘点溢余是指库存商品的实存金额大于账面金额的差额。商品溢余的原因有自然升溢或进货多收、销货少发等人为差错。在商品盘点中发现商品溢余时，应填写"商品盘点溢余（短缺）报告单"。在未查明原因前，按溢余商品的售价借记"库存商品"账户，按溢余商品的进价贷记"待处理财产损溢"账户，商品的进价金额可按上月差价率计算，即：进价＝售价×（1－上月差价率），按溢余商品售价与进价的差额贷记"商品进销差价"账户。查明原因后，按批准的处理办法再从"待处理财产损溢"账户转入有关账户，若属自然升溢，作冲减销售费用处理；属进货多收，可补作购进或退回供货单位；属销货少发，则补发后冲减库存商品处理。

【例 3-10】 某零售商店副食柜 4 月 30 日盘点商品实存 56 400 元（见表 3-12），账存 56 200 元，溢余 200 元（见表 3-13），原因待查。该柜组上月平均差价率 30%，则溢余商品的进价金额应为 200×（1−30%）＝140 元，财会部门根据有关凭证作会计分录如下：

借：库存商品——副食柜 200
　　贷：待处理财产损溢 140
　　　　商品进销差价——副食柜 60

上项溢余商品经查明属自然升溢，经批准作冲减"销售费用"处理，财会部门根据有关凭证作会计分录如下：

借：待处理财产损溢 140
　　贷：销售费用 140

【练一练】 食品柜月末盘点，实存商品 23 800 元（售价），账存 23 720 元（售价），差额 80 元，原因待查。该柜组上月平均差价率 30%，以后查明原因属于自然升溢。要求分别作处理前和处理后的分录。

2. 商品盘点短缺的核算

商品盘点短缺是指库存商品的实存金额小于账面金额的差额。商品短缺的原因有：自然损耗、责任事故、自然灾害以及因管理不善造成被盗、丢失、霉烂变质的非正常损失。在商品盘点中发现商品短缺时，也应填制"商品盘点溢余（短缺）报告单"。在未查明原因前，先按短缺商品的进价记入"待处理财产损溢"账户，进价金额可按上月差价率计算，按短缺商品的售价贷记"库存商品"账户等。查明原因后再按批准的处理意见进行账务处理，若属自然损耗，应作销售费用处理；若属责任事故或非正常损失，应追究赔偿责任，未收到的赔偿款记入"其他应收款"账户；若属自然灾害造成的损失，应在减去保险公司赔款和残料价值后，计入营业外支出，后两种情况还应转出不可抵扣的增值税进项税额。

【例 3-11】 某零售商店百货柜月末盘点实存商品 25 000 元，账存 25 300 元，短缺 300 元，原因待查。该柜组上月平均差价率 30%，则短缺商品的进价金额＝300×（1−30%）＝210 元。

表 3-14　商品盘点溢（缺）报告表

实物负责人：　　　　　　　　　　　××年 4 月 30 日　　　　　　　　　　　单位：元

账面金额	实存金额	溢余金额	短缺金额	原因
25 300.00	25 000.00		300.00	待查
领导批示		财会部门意见	实物负责人意见	

（有关人员签章）

财会部门根据"商品盘点溢缺报告表"（见表 3-14）等有关凭证，作会计分录如下：

借：待处理财产损溢   210

  商品进销差价——百货柜   90

  贷：库存商品——百货柜   300

上项商品短缺查明原因属于自然损耗，应作销售费用处理。

借：销售费用——商品损耗   210

  贷：待处理财产损溢   210

如果属于营业员责任过失，应由其负责赔偿，并要求负担进项税额，进项税额按短缺商品的进价计算，即 $210 \times 17\% = 35.70$ 元，作会计分录如下：

借：其他应收款——某营业员   245.70

  贷：待处理财产损溢   210

  应交税费——应交增值税（进项税额转出）   35.70

【练一练】 1）百货柜月末盘点，实存商品 37 800 元（售价），账存 37 980 元（售价），差额 180 元，原因待查。该柜组上月平均差价率 28%，以后查明原因属于自然损耗。要求分别作处理前和处理后的分录。

2）某零售商店月末百货柜盘点商品，实存 56 800 元，账存 57 000 元，账实不符，原因待查，该柜组上月差价率 30%。副食柜盘点商品发生溢余 120 元，原因待查，该柜组上月差价率 25%。以后查明原因分别为自然损耗和自然升溢。要求分别作处理前和处理后的分录。

3. 库存商品削价的核算

库存商品削价是指对库存商品中冷背、呆滞、残损商品削减零售价。商品削价处理前应先组织有关人员对有问题商品进行实地盘点和检验，根据实际情况确定削价幅度，由实物负责人填制"商品削价报告单"（见表 3-15），按规定审批权限报经批准后进行削价处理。对于削价商品应按削价后的新售价低于原售价的差额，借记"商品进销差价"账户，贷记"库存商品"账户，削价的商品销售后，按新售价反映销售收入，发生的商品削价损失直接体现在当期经营损益中。

表 3-15 商品削价报告单

实物负责人：百货柜   2010 年 4 月 30 日   单位：元

商品品名	单 位	盘存数量	原售价		新售价		商品进销差价
			单价	金额	单价	金额	
A 商品	件	300	25	7500	22	6600	900
合 计				7500.00		6600.00	900.00

【例 3-12】 某零售商店百货柜 A 商品原售价每件 25 元，因质量问题削价，削价后每件售价为 22 元，经盘点实存 300 件，库存商品价值减少 900 元。财会部门根据"商品

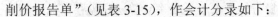

削价报告单"（见表 3-15），作会计分录如下：

借：商品进销差价——百货柜　　　　　　　　　　　　　　　　　　900

　　贷：库存商品——百货柜　　　　　　　　　　　　　　　　　　900

如果企业的商品存货已霉烂变质，或已过期且无转让价值，应将这部分商品存货的账面价值全部转入当期损益。即按这部分商品应分摊的进销差价借记"商品进销差价"账户，按账面价值借记"管理费用"等账户，按库存商品的账面余额贷记"库存商品"账户。如果以前计提了存货跌价准备的，还应冲减已计提的存货跌价准备。

【练一练】副食柜 B 商品 60 千克已霉烂变质，B 商品原售价每千克 25 元，进价每千克 22 元，经批准全部转入当期损益，作出分录。

3.3.2　库存商品的明细分类核算

实行售价金额核算，实物负责制的商品零售企业，库存商品明细分类账是按实物负责人（营业柜组或门市部）设置的，只反映库存商品的零售价总额，不记录数量。采用分类或柜组差价率计算法的企业，还必须按营业柜组或门市部设置"商品进销差价"的明细账户。零售企业"库存商品"明细账（见表 3-16）一般采用三栏式，只核算商品的售价金额。

表 3-16　库存商品明细账

户名：百货柜　　　　　　　　　　　　　　　　　　　　　　　　单位：元

2010 年		凭证字号	摘　要	借　方	贷　方	借或贷	余　额
月	日						

各营业柜组或门市部为了掌握商品进销存的动态和销售计划的完成情况，便于向财会部门报账和对账，应根据商品经营的各种原始凭证，逐日或定期编制"商品进销存报告单"一式数联，一联留存，一联连同有关原始凭证报送财会部门据以记账。

由于"商品进销存报告单"所反映的内容相当于库存商品明细账的内容，因此，为减轻会计核算工作量，可将各营业柜组或门市部报送的"商品进销存报告单"按时间顺序装订成册，代替库存商品明细账。

3.4　已销商品进销差价的计算和结转

商品零售企业平时反映的已销商品销售成本是已销商品的零售价金额，因此到月末应通过一定的方法一次性计算出本月已销商品实现的进销差价，将平时反映的售价成本调整为进价成本。已销商品进销差价的计算方法主要有差价率计算法和盘存商品进销差价计算法两种。

3.4.1 差价率计算法

差价率计算法是指按商品的存、销比例平均分摊商品进销差价的计算方法。按计算范围不同，分为综合差价率计算法和分类（柜组）差价率计算法。月份终了结转已销商品应分摊的进销差价时，借记"商品进销差价"账户，贷记"主营业务成本"账户。

1. 综合差价率计算法

综合差价率计算法是根据全部商品（包括结存商品和已销商品）的存销比例，平均分摊进销差价的一种方法。其计算公式为

$$商品进销差价率=\frac{月末分摊前"商品进销差价"账户余额}{月末"库存商品"账户余额+本月"主营业务收入"账户贷方发生额}\times100\%$$

$$本月销售商品应分摊的进销差价=本月"主营业务收入"账户贷方发生额\times进销差价率$$

上述公式中"主营业务收入"是指含税收入。此外如果企业有委托代销商品等业务，上述计算差价率公式中的分母还应加上月末"委托代销商品"和"发出商品"账户余额。

【例 3-13】 某零售商店月末"商品进销差价"账户分摊前贷方余额为 180 000 元，"库存商品"账户余额为 185 000 元，"主营业务收入"账户贷方发生额为 415 000 元，"主营业务成本"账户借方发生额为 415 000 元，根据以上资料计算和结转本月已销商品应分摊的进销差价。

$$商品进销差价率=180\,000\div（185\,000+415\,000）\times100\%=30\%$$

$$本月已销商品应分摊的进销差价=415\,000\times30\%=124\,500（元）$$

根据计算结果，作会计分录如下：

借：商品进销差价 124 500

    贷：主营业务成本 124 500

通过上述计算和结转并入账后，"商品进销差价"账户月末贷方余额为 55 500 元（180 000－124 500），即为月末库存商品 185 000 元应留的（或未实现的）进销差价。"主营业务成本"账户的余额为 290 500 元（415 000－124 500），即为本月已销商品的进价成本。

采用这种计算方法手续比较简单，但各类商品如果按同一差价率计算已销商品进销差价，计算结果可能不太准确，所以这种方法主要适用于各类商品进销差价率相差不大的零售企业。

【练一练】 某零售商店月末"商品进销差价"账户分摊前余额 36 300 元，"库存商品"账户余额 64 360 元，本月"主营业务收入"账户贷方发生额 56 540 元，"主营业务成本"账户借方发生额 56 540 元。要求采用差价率法计算和结转本月已销商品应分摊的进销差价。

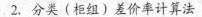

2. 分类（柜组）差价率计算法

这是按各类（或柜组）商品的存、销比例，分别计算进销差价率，据以分摊各类（或柜组）已销商品进销差价的一种方法。它的计算公式与综合差价率法基本相同，只是把计算范围由全部商品缩小为每类商品。采用这种方法时，要求"库存商品"、"商品进销差价"、"主营业务收入"、"主营业务成本"等账户，均应按营业柜组或实物负责人分别设置明细账户，以便取得有关计算资料。采用这种方法在柜组或者大类商品范围内，商品差价率相差不大，计算结果比综合差价率法的准确度要高一些，较为接近实际。

【例 3-14】 某零售商店有关柜组 2010 年 5 月 31 日"库存商品"、"商品进销差价"、"主营业务收入"账户的明细资料如表 3-17 所示。

表 3-17 有关账户明细资料

单位：元

商品大类或柜组	"商品进销差价"账户分摊前余额	"库存商品"账户余额	"主营业务收入"账户贷方发生额
电器柜	200 000	300 000	500 000
服装柜	22 000	20 000	80 000
百货柜	19 500	15 000	50 000
合　计	241 500	335 000	630 000

根据上列资料采用分类差价率法，分别计算各柜组已销商品进销差价，如表 3-18 所示。

表 3-18 已销商品进销差价计算表

2010 年 5 月 31 日　　　　单位：元

商品柜组或类别	月末"商品进销差价"账户余额	全部商品售价总额		分类差价率/%	商品进销差价	
		月末"库存商品"账户余额	本月"主营业务收入"账户贷方发生额		已销商品分摊的进销差价	库存商品应分摊的进销差价
电器柜	200 000	300 000	500 000	25	125 000	75 000
服装柜	22 000	20 000	80 000	22	17 600	4 400
百货柜	19 500	15 000	50 000	30	15 000	4 500
合　计	241 500	335 000	630 000		157 600	83 900

上表中：电器柜差价率＝200 000÷（300 000＋500 000）×100%＝25%

电器柜本月已销商品应分摊的进销差价＝500 000×25%＝125 000（元），库存商品应分摊的进销差价＝200 000－125 000＝75 000（元），其他柜组计算过程略。

根据表 3-18，计算出的各柜组应分摊的已销商品的进销差价，作会计分录如下：

借：商品进销差价——电器柜　　　　　　　　　　　　　　　125 000

　　　　　　　　——服装柜　　　　　　　　　　　　　　　 17 600

　　　　　　　　——百货柜　　　　　　　　　　　　　　　 15 000

　　贷：主营业务成本——电器柜　　　　　　　　　　　　　125 000

　　　　　　　　　　——服装柜　　　　　　　　　　　　　 17 600

　　　　　　　　　　——百货柜　　　　　　　　　　　　　 15 000

【练一练】 某零售商店食品柜月末"商品进销差价"账户分摊前余额 33 000 元，"库存商品"账户余额 58 500 元，本月"主营业务收入"账户贷方发生额 51 400 元，"主营业务成本"账户借方发生额 51 400 元。

要求：① 采用分类差价率法计算和结转本月食品柜已销商品应分摊的进销差价；
② 计算本月库存商品应保留的进销差价和商品销售进价成本。

3.4.2 盘存商品进销差价计算法

企业会计制度规定，采用差价率法计算并分摊商品进销差价的企业，应在年度终了对商品的进销差价进行核实调整。盘存商品进销差价计算法是根据期末商品盘点数量，先求出库存商品应保留的进销差价，然后倒算出已销商品进销差价的一种方法，这种方法又称实际差价计算法。它不需要计算差价率，但要与商品盘点结合起来。其计算程序如下：

1）通过商品盘点确定期末库存商品数量，以每种商品实际盘存数量分别乘以该种商品的进价和售价，计算出全部库存商品的进价总金额和售价总金额。

2）计算期末库存商品应保留的进销差价，以期末全部库存商品的售价总金额减去进价总金额，即为全部库存商品应保留的进销差价，即

库存商品应保留的进销差价＝期末全部库存商品的售价总金额
－期末全部库存商品进价总金额

3）计算已销商品应分摊的进销差价。以"商品进销差价"账户调整前余额减去库存商品应保留的进销差价，即为已销商品应分摊的进销差价。

已销商品应分摊的进销差价＝调整前"商品进销差价"账户期末余额－期末库存商品应保留的进销差价

上式计算结果如为正数，说明平时少分摊了已销商品进销差价，应继续分摊，借记"商品进销差价"账户，贷记"主营业务成本"账户。如为负数，说明平时多分摊了已销商品进销差价，应予以冲回，借记"主营业务成本"账户，贷记"商品进销差价"账户。

【例 3-15】 某零售商店某年 12 月末商品盘点表中商品进价总金额 19 600 元，售价总金额 25 700 元，"商品进销差价"账户调整前余额 11 740 元，"盘存商品进销差价计算表"（见表 3-19）。要求采用盘存商品进销差价法计算并结转本月已销商品的进销差价。

表3-19 盘存商品进销差价计算表

2010 年 12 月 31 日 单位：元

营业柜组	库存商品售价金额	库存商品进价金额	库存商品应保留的进销差价	备 注
电器柜				年度终了时采用
服装柜				
……				
合 计	25 700.00	19 600.00	6100.00	

库存商品应保留的进销差价＝25 700－19 600＝6100（元）
已销商品应分摊的进销差价＝11 740－6100＝5640（元）

结转分录如下：

借：商品进销差价 5640

　　贷：主营业务成本 5640

盘存商品进销差价计算法计算结果准确，但商品盘点表上要确定每种商品的进价和售价，计算工作量大。在实际工作中为了简化计算手续，平常月份多采用差价率计算法，到年终时（12 月份）才采用盘存商品进销差价计算法进行调整，以保证整个年度会计核算资料的准确性。

【练一练】　某零售商店食品柜年末"商品进销差价"账户分摊前余额 24 654 元，商品盘点表中商品进价总金额 41 160 元，售价总金额 53 970 元。要求采用盘存商品进销差价法计算并结转本月已销商品的进销差价。

需要说明的是，零售企业计算已销商品进销差价时，所使用的销售额是含税销售额。但在月末应将本月平时按含税销售额暂记的主营业务收入调整为不含税的主营业务收入，并反映增值税（销项税额），为此会计上应填写"不含税销售收入及增值税计算表"（如表 3-20），并据此借记"主营业务收入"账户，贷记"应交税费"账户。

表 3-20　不含税销售收入及增值税计算表

年　月　日　　　　　　　　　　　　　　单位：元

营业柜组	含税销售收入	不含税销售收入	增值税销项税额	备　注
电器柜				增值税率 17%
服装柜				
……				
合　计	479 700.00	410 000.00	69 700.00	

【例 3-16】　某零售商店（一般纳税人）本月含税销售额 479 700 元，增值税率 17%，则本月不含税销售额＝479 700÷（1＋17%）＝410 000（元），本月增值税销项税额＝410 000×17%＝69 700（元），根据"不含税销售收入及增值税销项税额计算表"，月末作结转分录如下：

借：主营业务收入 69 700

　　贷：应交税费——应交增值税（销项税额） 69 700

【练一练】　1）某零售商店（小规模纳税人）本月含税销售额 72 100 元，增值税征收率 3%，要求计算本月不含税销售额和本月应交增值税，并作结转分录。

2）某零售商店（一般纳税人）本月含税销售额 210 600 元，均已收到货款存入银行，并按售价结转销售成本。要求在月末按 17% 的税率调整含税销售额，并结转本月应交增值税销项税额，同时按 30% 的差价率计算和结转本月已销商品应分摊的进销差价。

3）某零售商店为小规模纳税人，采用售价金额核算法计账，本月发生下列业务，要求作出会计分录。

① 购进商品一批，进价 35 000 元，以存款支付，商品已验收入库，售价金额 48 000 元；

② 销售商品一批，售价 46 000 元，款项收到存入银行，同时结转商品销售成本 46 000 元；

③ 假定差价率为 27%，计算和结转本月已销商品 46 000 元应分摊的进销差价；

④ 将本月含税销售额 46 000 元按 3% 的税率换算为不含税销售额，并结转本月应交纳的增值税。

3.5 鲜活商品的进价金额核算

3.5.1 零售鲜活商品的经营特点

零售企业经营的商品，除工业品外还有鱼、肉、禽、蛋、果、菜等鲜活商品，这些商品与工业品相比较，在业务经营上有以下不同的特点：

1）鲜活商品的质量变化快，在经营过程中需要经过挑选整理，分等分级，按质论价，随时按鲜活程度，调整零售价，难以按售价记账和控制数量。

2）鲜活商品季节性强，上市销售时间集中，交易数量零星，要求灵活经营。

3）鲜活商品容易腐烂变质，损耗较大，难以计量和清查盘点、实行数量核算。

根据以上经营特点，为简化核算手续，零售商店对鲜活商品的核算一般实行"进价金额核算法"。

3.5.2 鲜活商品的核算方法

鲜活商品的基本核算方法是进价金额核算法，这种方法又称"进价记账、盘存计销"，是指对库存商品按进价记账，商品的增加、减少和结存均按进价反映，并按实物负责人（营业柜组）分户核算的一种核算方法。其基本内容如下：

1）商品购进后，根据实物负责人报来的"商品验收单"及"进货发票"等按照进价记入"库存商品"账户，并按照实物负责人设置明细账，只记进价金额，不记品名数量。

2）商品销售后，按实物负责人报来的销售日报及缴款凭证的金额记入"主营业务收入"账户，平时不计算与结转已销商品销售成本，也不注销"库存商品"账户。

3）在商品销售过程中，发生的溢余和损耗以及价格调整或等级变化，在会计上均不做账务处理。但对发生的责任事故或非常损失，应查明原因，明确责任，根据具体情况作出适当调整。

4）月末实地盘点商品，根据商品实存数量，乘以进货单价，先计算出期末库存商品的进价总额，再以存计销，倒挤出商品销售进价成本。其计算公式如下：

本期已销商品进价成本＝期初库存商品进价总额＋本期购进商品进价总额
－期末盘存的库存商品进价总额

【例 3-17】 某经营鲜活商品的零售企业（一般纳税人），其"库存商品——生鲜柜"账户的期初余额为 21 000 元（进价），本月发生下列业务：

1）本月累计购进商品的进价 68 000 元，专用发票上注明的增值税为 11 560 元，根据营业柜组"商品验收单"、"进货发票"、支票存根等凭证，经审核无误，支付货款 79 560 元，作会计分录如下：

借：库存商品——生鲜柜　　　　　　　　　　　　　　　　　　　68 000

　　应交税费——应交增值税（进项税额）　　　　　　　　　　11 560

　　贷：银行存款　　　　　　　　　　　　　　　　　　　　　　　　79 560

如果是小规模纳税人购进鲜活商品，则不反映增值税进项税额，分录为：

借：库存商品——生鲜柜　　　　　　　　　　　　　　　　　　　79 560

　　贷：银行存款　　　　　　　　　　　　　　　　　　　　　　　　79 560

2）本月累计商品销售收入 93 600 元（含税），货款存入银行，财会部门根据柜组报来的"销售日报表"和"缴款单"回单联，作会计分录如下：

借：银行存款　　　　　　　　　　　　　　　　　　　　　　　　93 600

　　贷：主营业务收入　　　　　　　　　　　　　　　　　　　　　　93 600

3）月末根据商品盘点的实存数量和最后一次进货单价计算出的期末结存商品进价总额 27 400 元，计算本月已销商品的进价成本。

已销商品的进价成本＝21 000＋68 000－27 400＝61 600（元）。作会计分录如下：

借：主营业务成本　　　　　　　　　　　　　　　　　　　　　　61 600

　　贷：库存商品——生鲜柜　　　　　　　　　　　　　　　　　　61 600

4）月末将本月含税销售收入调整为不含税销售收入，并结转增值税销项税额。

销项税额＝93 600÷（1＋17%）×17%＝13 600（元）

借：主营业务收入　　　　　　　　　　　　　　　　　　　　　　13 600

　　贷：应交税费——应交增值税（销项税额）　　　　　　　　　　13 600

如果是小规模纳税人，应将本月含税销售额按 3% 的征收率调整为不含税销售额，并反映应交增值税。

采用进价金额核算法核算鲜活商品，简化了核算手续，便于随时调整售价，减少商品损耗，有利于加速商品流转。但这种方法手续不够严密，平时不能反映库存商品的结存情况，对商品的溢缺情况和责任事故不能控制，容易产生弊端，商品损耗及损失均记入了商品销售成本。因此，采用这种核算方法，必须加强进货验收和销货收款手续，加强商品管理，严防各种漏洞的发生。

【练一练】　某经营鲜活商品的零售企业（一般纳税人）月初"库存商品"余额 63 000 元（进价），本月购进商品进价金额 489 000 元，增值税 83 130 元，款项以存款支付，商品已入库，本月销售商品 59 670 元（含税售价），款项存入银行，月末盘点商品实存 40 800 元（进价）。要求分别作购进商品、销售商品、结转销售成本、调整含税收入的分录。

练 习 题

一、填空题

1. 零售商品流转的核算方法一般采用＿＿＿＿＿，但对鲜活商品的核算方法则采用＿＿＿＿＿。

2. "商品进销差价"属于_____类账户，它又是_____账户的调整账户。

3. 售价金额核算法的基本内容有_____、_____、_____、_____。

4. 零售企业"库存商品"账户期末余额反映各种库存商品的_____，该账户应按_____或_____设置明细账户。

5. "商品进销差价"是_____类账户，也是_____账户的调整账户，该账户贷方记_____，借方记_____，

6. "商品进销差价"账户应按_____或_____设置明细账户，进行明细分类核算。

7. 计算已销商品进销差价的方法有_____和_____两种。

8. 月末结转本月已销商品应分摊的进销差价时，应借记_____账户，贷记_____账户。

9. 将含税销售收入调整为不含税销售收入，并反映销项税额时，应借记_____账户，贷记_____账户。

10. 购进商品短缺指_____小于_____数量，原因待查时，应将短缺商品按_____金额记入_____账户。

11. 采用售价核算的库存商品盘点发生溢余时，应按溢余商品的售价借记_____账户，按进价贷记_____账户，按两者的差额贷记_____账户。

12. 零售企业销售商品，平时结转销售成本时，可按商品售价结转，应借记_____账户，贷记_____账户。

13. 采用分类（柜组）差价率计算法，要求"库存商品"账户和_____、_____、_____等账户，均应按营业柜组分别设明细账户。

14. 盘存商品进销差价计算法要求先求出_____，再倒算出_____；库存商品应保留的进销差价等于全部库存商品的_____减去_____后的差额。

15. 零售企业期末_____账户余额减去_____账户余额，就是期末库存商品的进价金额。

16. 鲜活商品的基本核算方法是_____，这种方法又称_____。

17. 进价金额核算法指对_____按进价记账，商品的增加、减少和结存均按_____反映并按_____分户核算的一种方法。

18. 零售企业对鲜活商品采用盘存计销计算出商品销售进价成本，应借记_____账户，贷记_____账户。

二、单项选择题

1. 零售企业月末"在途物资"账户的借方余额反映（   ）的采购成本。

   A．库存商品　　　　　　　　　B．代销商品

   C．在途商品　　　　　　　　　D．销售商品

2. 零售企业"库存商品"明细账一般按（   ）设置明细账户。

   A．商品名称　　　　　　　　　B．实物负责人

   C．供货单位名称　　　　　　　D．采购员

3．"商品进销差价"账户是（　　）账户的调整账户。

  A．在途物资   B．库存商品

  C．主营业务收入   D．主营业务成本

4．零售企业库存商品盘点发生短少时，应借记的账户是（　　）。

  A．商品进销差价   B．库存商品

  C．主营业务成本   D．在途物资

5．经营日用工业品的零售企业，对库存商品的核算方法一般采用（　　）。

  A．数量进价金额核算法   B．数量售价金额核算法

  C．进价金额核算法   D．售价金额核算法

6．零售企业下列账户应按售价记账的有（　　）。

  A．库存商品   B．在途物资

  C．待处理财产损溢   D．管理费用

7．经营鲜活商品的零售企业，"库存商品"账户应按（　　）进行核算。

  A．售价   B．进价   C．数量   D．数量与售价

8．零售企业月末"在途物资"账户的借方余额反映在途商品的（　　）。

  A．进价金额   B．不含税售价

  C．含税售价   D．计划成本

9．经营鲜活商品的零售企业，计算商品销售成本的方法是（　　）。

  A．个别计价法   B．加权平均法

  C．盘存计销法   D．以销计存法

三、多项选择题

1．售价金额核算法的基本内容有（　　）。

  A．建立实物负责制   B．售价记账金额控制

  C．进价记账盘存计销   D．设置"商品进销差价"账户

2．采用分类差价率法计算已销商品进销差价，要求（　　）账户按实物负责人设置明细账户。

  A．库存商品   B．商品进销差价

  C．主营业务收入   D．在途物资

3．零售企业下列账户中，应不按售价记账的有（　　）。

  A．库存商品   B．在途物资

  C．应付账款   D．待处理财产损溢

4．零售企业将含税销售收入调整为不含税销售收入，其结转分录涉及的会计科目有（　　）。

  A．主营业务收入   B．主营业务成本

  C．应交税费   D．商品进销差价

5．零售商店下列业务应记入"商品进销差价"账户贷方的有（　　）。

A. 购进商品   B. 商品销售

C. 商品盘盈   D. 商品盘亏

6. 商业企业商品购进的采购成本不包括（   ）。

    A. 商品买价   B. 进货运费

    C. 商品正常损耗   D. 商品非常损失

7. 下列（   ）账户，属于"库存商品"账户的调整账户。

    A. 商品进销差价   B. 存货跌价准备

    C. 资产减值损失   D. 坏账准备

8. 零售企业计算已销商品进销差价的方法有（   ）。

    A. 差价率计算法   B. 备抵法

    C. 加权平均法   D. 盘存商品进销差价计算法

9. 零售企业库存商品增加，可以借记"库存商品"账户，贷记（   ）账户。

    A. 在途物资   B. 待处理财产损溢

    C. 商品进销差价   D. 主营业务收入

10. 零售企业库存商品减少，可以借记（   ），贷记"库存商品"账户。

     A. 主营业务成本   B. 待处理财产损溢

     C. 商品进销差价   D. 财务费用

11. 下列有关盘存商品进销差价计算法的说法，正确的有（   ）。

     A. 不需要计算差价率   B. 要与商品盘点相结合

     C. 在年度终了时（12 月份）采用   D. 计算结果准确

12. "商品进销差价"贷方反映的内容有（   ）。

     A. 购入商品售价大于进价的差额

     B. 已销商品应分摊的进销差价

     C. 盘点溢余商品的进销差价

     D. 盘点短缺商品的进销差价

13. 在零售企业，下列说法正确的有（   ）。

     A. "商品进销差价"是"库存商品"的调整账户

     B. "库存商品"账户反映商品的含税售价

     C. "库存商品"明细账按商品品名规格分户

     D. "商品进销差价"的期末余额一般在借方

四、判断题

1. 零售企业"在途物资"账户，应反映商品的零售价。   （   ）

2. "商品进销差价"账户是资产类账户，期末余额在借方。   （   ）

3. 零售企业购进商品发生的运输费用，金额较大的应计入商品采购成本。   （   ）

4. 零售商品盘点发生的各种短缺，都作营业外支出处理。   （   ）

5. 企业收到的受托代销商品，在"库存商品"账户核算。   （   ）

6．某商店为小规模纳税人，取得含税收入 30 900 元，税率 3%，则不含税收入为 30 000 元，应交增值税为 900 元。（　　）

7．零售企业年度终了，应采用差价率法计算和结转已销商品进销差价。（　　）

8．企业购进商品对于已验收入库尚未付款的部分，平时和月末均不进行账务处理。（　　）

9．"商品进销差价"账户期末贷方余额，反映本月已销商品应分摊的进销差价。（　　）

10．零售企业库存商品发生溢余，溢余商品售价与进价的差额应记入营业外收入。（　　）

11．采用盘存商品进销差价计算法计算已销商品的进销差价，其计算结果不够准确。（　　）

12．采用进价金额核算法的零售企业，不设置"商品进销差价"账户。（　　）

五、业务题

习题一　练习零售商品购进的核算

某零售商店 3 月份发生下列业务：

1）5 日，购进商品一批，进价金额 31700 元，增值税 5389 元，款已付，商品由百货柜验收，售价金额 43 058 元。

2）7 日，从甲工厂购进 A 商品 1000 公斤，每公斤进价 40 元，增值税 6800 元，款已付，商品未到。

3）9 日，从甲工厂购进的 A 商品运到，由副食柜验收，实收 1000 公斤，每公斤售价 60 元。

4）11 日，用银行支付商品的运输费用 1500 元（可按 7% 计算进项税额），计入当期损益。

5）13 日，从乙工厂购入 B 商品 2000 公斤，每公斤进价 30 元，增值税 10 200 元，款已付，商品未到。

6）16 日，从乙工厂购入的 B 商品运到，由副食柜验收，实收 2000 公斤，每公斤售价 45 元。

7）19 日，从外地工厂购入 D 商品，通过电汇预付货款 30 000 元。

8）24 日，向甲批发公司购入 C 商品一批，发票账单上的买价 20 000 元，增值税 3400 元，商品由百货柜验收，售价金额 29 000 元，但款项尚未支付。

9）26 日，从甲批发公司购入的上项 C 商品中，有一部分因质量问题作进货退出处理，退出商品的进价 2000 元，增值税 340 元，售价 2900 元，收回货款。

10）28 日，从某小规模纳税企业购进商品一批，进价 3200 元，款已付，商品验收入库，售价 4300 元。

11）3 月 29 日，从外地资阳市 B 工厂购进一批商品，增值税专用发票上注明的进价金额 46 500 元，进项税额 7905 元，运费单据上注明的运输费用金额 1300 元（运输

费用分计入所采购商品的成本和计入当期损益两种情况处理），商品验收单上注明的售价金额 60 470 元。货款和运费通过银行支付，商品由百货柜验收。

要求：根据上述资料编制会计分录。

习题二　练习零售商品销售的核算

资料：某零售商店 5 月份发生下列经济业务：

1）百货柜销售商品一批，含税售价 46 800 元，款项收到现金存入银行，同时按售价结转商品销售成本。

2）本月含税商品销售收入 585 000 元，增值税率 17%，将含税销售收入调整为不含税销售收入并结转本月增值税销项税额。

3）假定某商店为小规模纳税人，本月含税销售收入 93 600 元，增值税率 3%，将含税销售收入调整为不含税销售收入并结转本月应交增值税。

要求：根据上述经济业务作出会计分录。

习题三　练习零售商品储存的核算

资料：某零售商店 5 月份发生下列经济业务：

1）月末盘点库存商品，商品实存金额比账面金额短少 120 元，原因待查，上月差价率 30%，以后查明原因属于自然损耗。

2）月末盘点库存商品，发现 A 商品溢余 20 公斤，每公斤售价 10 元，原因待查，上月差价率 28%。以后查明原因属于自然升溢。

3）百货柜月末盘点实存商品 26 800 元，账存 26 950 元，差额 150 元，原因待查，该柜组上月平均差价率 25%。以后查明原因应由营业员负责赔偿。

4）副食柜 C 商品 120 公斤已霉烂变质，经查该商品每公斤原进价 4.5 元，原售价 6 元，经批准将其价值全部转入当期损益。

要求：根据上述经济业务作出会计分录。

习题四　练习已销商品进销差价的计算和结转

1. 某零售商店百货柜月末"商品进销差价"账户分摊前余额 30 000 元，"库存商品"账户余额 53 200 元，本月"主营业务收入"账户贷方发生额 46 800 元，"主营业务成本"账户借方发生额 46 800 元。

要求：

1）采用分类差价率法计算和结转本月百货柜已销商品应分摊的进销差价。

2）计算本月库存商品应保留的进销差价和商品销售进价成本。

2. 某零售商店 2010 年 12 月末调整前"商品进销差价"账户余额 39 500 元，年末商品盘点表列示全部商品售价总金额 68 870 元，进价总金额 46 270 元。

要求：采用盘存商品实际差价法计算和结转 12 月份已销商品应分摊的进销差价。

3. 某零售商店月末分摊前"商品进销差价"账户余额 43 400 元，"库存商品"账户余额 82 000 元，"主营业务收入"账户本月贷方发生额 73 000 元，"主营业务成本"账户本月借方发生额 73 000 元。

要求：采用综合差价率法计算和结转本月已销商品应分摊的进销差价，并计算出本月不含税商品销售收入（增值税率 17%）和商品销售进价成本。

4. 某商业零售企业（一般纳税人）百货柜 2010 年 11 月初"库存商品"账户借方余额 61 000 元，"商品进销差价"账户贷方余额 18 300 元，11 月发生下列业务：

1）购进商品，取得增值税专用发票，商品进价金额 173 160 元，增值税 29 437 元，款项以存款支付，商品由百货柜验收，含税售价金额 234 000 元。

2）以存款支付商品运费 2100 元（运费计入损益，可按 7%计算增值税进项税额）。

3）销售商品，取得含税销售金额 238 680 元，款项收到现金存入银行，同时结转商品销售成本 238 680 元。

4）盘点商品，商品账存金额 56 320 元（售价），实存金额 56 620 元，相差 300 元，原因待查，上月差价率 30%。

5）月末按差价率计算法计算和结转本月已销商品应分摊的进销差价，假定本月差价率为 28%。

6）月末按增值税率 17%调整含税销售收入，并结转本月增值税销项税额。

要求：① 作出上述业务的会计分录；
　　　② 计算"库存商品"和"商品进销差价"账户的月末余额；
　　　③ 计算月末库存商品的进价金额。

习题五　练习鲜活商品的进价金额核算

资料：某经营鲜活商品的零售企业（小规模纳税人）"库存商品"账户月初余额 21 000元，本月购进商品进价总额 163 000 元，本月商品销售总额 195 000 元（含税售价），月末盘点库存商品实存 11 700 元。

要求：分别作出购进商品、销售商品、结转商品销售成本、调整含税销售收入的会计分录。

习题六　综合练习零售商品流转的核算

资料：某零售商店（一般纳税人，商品采用"售价金额核算法"），百货柜 2010 年 8月初"库存商品"账户借方余额 30 000 元，"商品进销差价"账户贷方余额 8700 元，8月份发生下列有关业务（个别原始凭证略）：

1）10 日购进商品 5772 个，每个进价 15 元，取得增值税专用发票，增值税金额为 14 718.6 元，款项以支票支付。商品运输费 800 元（计入损益，可按 7%计算增值税进项税额），以现金支付。商品由百货柜验收，每个含税售价 19 元。（填写转账支票和商品验收单）

湖南增值税专用发票

发　票　联　　开票日期：2010 年 8 月 10 日　No.345

购货单位	名　称：A 市长青零售商店 纳税人识别号：8805689 地址、电话：星沙中路 259 号　0731-5132688 开户行及账号：工行星沙路支行 68528				密码区	（略）		
货物或应税劳务 名　称	规格	计量单位	数量	单价	金额	税率	税额
××商品一批		个	5772	15	86 580.00	17%	14 718.60
合　计					86 580.00		14 718.60
价税合计（大写）		壹拾万零壹仟贰佰玖拾捌元陆角整　（小写）￥101 298.60						
销货单位	名　称：A 市长进工厂 纳税人识别号：8803892001113 地址、电话：A 市五一路 158 号　0731-4321688 开户行及账号：建行五一支行 314218				备注	（略）		

销货单位（章）　　　收款人：　　　复核：　　　开票人：　　　销货单位：（章）

（印章）A市长进工厂　税号：8803892001113　发票专用章

货物运输业统一发票

2010 年 8 月 10 日

收货人及纳税人识别号	长青零售商店 8805689	承运人及纳税人识别号	A 市顺畅运输公司 03426
发货人及纳税人识别号	A 市长进工厂 8803892	主管税务机关及代码	市地税局 3008
货物名称	××商品	重量及单位运价	400×2
其他项目金额	0	起运地——到达地	长进工厂—长青商店
运输费用金额（大写）	捌佰元整	￥800.00	（现金付讫）

中国工商银行 现金支票存根 **Ⅳ V002826340** 附加信息 —————— —————— 出票日期：　年　月　日 收款人： 金　额： 用　途： 单位主管　会计	支票付款期限十天	中国工商银行 现金支票　　ⅠXⅡ0159287 出票日期（大写）　　年　月　日　付款行名称： 收款人：　　　　　　　　　　出票人账号： 人民币（大写） 用途———— 上列款项请从 我账户内支付 出票人签章　　　　复核　　　记账

中国工商银行 现金支票表格：

千	百	十	万	千	百	十	元	角	分

商 品 验 收 单

供货单位：　　　　　　　　　　　　年 月 日　　　　　　　　　　　　收货柜组：

商品类别	品名规格	数量/个	购买价格		零售价格		商品进销差价/元
			单价（元/个）	金额/元	单价（元/个）	金额/元	
合　计							

记 账 凭 证

年 月 日　　　字第　　号附件　　张　　　　　　　单位：元

摘　要	会 计 科 目		借方金额	贷方金额	记账
	总账科目	明细科目			
合　计					

会计主管：　　　　　　　　　　审核：　　　　　　　　　　制单：

　　2）18 日，上月从中意工厂购买的商品 2000 个，每个进价 15 元，金额 30 000 元（已记入"在途物资"账户），现已收到百货柜商品验收单，每个售价 19 元。

商 品 验 收 单

供货单位：　　　　　　　　　　　　年　月　日　　　　　　　　　　　　收货柜组：

商品类别	品名规格	数量/个	购买价格		零售价格		商品进销差价/元
			单价（元/个）	金额/元	单价（元/个）	金额/元	
合　计							

记 账 凭 证

年 月 日 字第 号附件 张 单位：元

摘 要	会 计 科 目		借方金额	贷方金额	记账
	总账科目	明细科目			
合 计					

会计主管： 审核： 制单：

3）20 日，销售商品 6000 个，每个含税售价 19 元，款项 91 200 元收到现金存入银行（填写现金存款单），款项 22 800 元收到支票存入银行（填写进账单），同时结转商品销售成本 114 000 元。

销 售 发 票

客户（购货单位）：××单位 2010 年 8 月 20 日 （发票联）

货物名称	单 位	数 量	单 价	金 额
××商品	个	1200.00	19.00	22 800.00
合 计				22 800.00
金 额	人民币（大写）贰万贰仟捌佰元整		¥22 800.00	

收款单位：（章） 复核： 制单：

商品进销存报告单

填报柜组：百货柜 2010 年 8 月 20 日 单位：元

项 目	金 额	项 目	金 额
上期结存	177 668.00	本期销售	114 000.00
本期购进		本期短缺	
本期溢余		本期结存	63 668.00

银行进账单（回单）

日期 年 月 日

出票人	全 称		收款人	全 称	
	账 号			账 号	
	开户银行			开户银行	
金 额	人民币（大写）			（小写）¥	
票据种类		票据张数		票据号码	
备注	款项来源		开户银行签章		
			复核 记账		

银行现金存款单（回单）

存款日期　　年　月　日

缴款单位	全　称		款项来源	
	账　号		解缴部门	
	开户行			
存入金额	人民币（大写）		（小写）￥	
票面	张　数	金额	上列款项业已收妥	
			开户银行签章	
			复核　　　出纳	

4）30 日盘点商品，实存金额小于账面结存金额的差额 200 元（售价），原因待查，上月差价率 29%。（以后作自然损耗处理）

商品盘点溢余短缺报告单

填报柜组：百货柜　　　　　2010 年 8 月 30 日　　　　　单位：元

账面金额	实存金额	溢余金额	短缺金额	进销差价	原因
63 668.00	63 468.00		200.00	58.00	自然损耗
合　计			200.00	58.00	
领导批示		会计部门意见		柜长意见	

5）30 日，计算本月差价率，按差价率法计算和结转本月已销商品 114 000 元应分摊的进销差价。

已销商品进销差价计算表

年　月　日　　　　　单位：元

商品柜组或类别	月末"商品进销差价"账户余额	全部商品售价总额		分类差价率/%	商品进销差价	
		月末"库存商品"账户余额	"主营业务收入"账户发生额		已销商品分摊的进销差价	库存商品应分摊的进销差价
百货柜						
合计						

6）30 日，按增值税额 17% 调整本月含税销售收入 114 000 元，并结转本月增值税销项税额。

不含税销售收入及增值税计算表

年 月 日　　　　　　　　　　　　　　　　　　单位：元

商品柜组或类别	含税销售收入	增值税率	不含税销售收入	销项税额
百货柜				
合　计				

要求：① 填制上述业务的记账凭证或会计分录；

　　　② 登记"库存商品"和"商品进销差价"明细账。

库存商品 明细账

户名：百货柜　　　　　　　　　　　　　　　　　　单位：元

2010 年		凭证字号	摘　要	借　方	贷　方	借或贷	余　额
月	日						

商品进销差价 明细账

户名：百货柜　　　　　　　　　　　　　　　　　　单位：元

2010 年		凭证字号	摘　要	借　方	贷　方	借或贷	余　额
月	日						

习题七　综合练习零售商品流转的核算

资料：某零售商店（增值税一般纳税人）甲柜组 2011 年 1 月初"库存商品"账户借方余额 30 000 元，"商品进销差价"账户贷方余额 8700 元，1 月份发生下列业务：

1）购进商品，取得增值税专用发票，商品进价金额 86 580 元，增值税 14 918 元，商品运杂费 1300 元（计入损益，按 7%计算进项税额），款项以存款支付，商品由甲柜组验收，含税售价金额 117 000 元。

2）销售商品，取得含税售价金额 119 340 元，款项收到现金存入银行，同时结转商品销售成本 119 340 元。

3）盘点商品，实存金额小于账面结存金额的差额 200 元（售价），原因待查，上月差价率 29%。

　　4）经查明原因，盘点短少商品 200 元（售价）属于自然损耗。

　　要求：① 作出上述业务的会计分录；

　　　　　② 计算"库存商品"账户和"商品进销差价"账户的月末余额；

　　　　　③ 计算月末分摊前甲柜组"库存商品"和"商品进销差价"账户的余额，计算本月差价率。要求采用差价率法计算和结转甲柜组本月已销商品 119 340 元应分摊的进销差价；

　　　　　④ 月末按增值税率 17%调整含税销售收入，并结转本月增值税销项税额；

　　　　　⑤ 月末计算出本月不含税商品销售收入和商品销售进价成本，并结转到"本年利润"账户。

第4章　饮食服务业会计核算

【学习目标】

1. 了解饮食服务业会计核算的特点；
2. 了解饮食服务业主要会计科目的设置；
3. 掌握饮食经营业务中存货的核算；
4. 掌握饮食经营业务中收入的核算；
5. 掌握饮食经营业务中成本费用的核算；
6. 了解饮食服务业营业税金和所得税费用的核算。

 案例导入

某财经中专会计专业学生高洁芳在当地一家大酒店顶岗实习，返校后对老师谈起了酒店在会计核算上与所学财务会计知识有不符的情况。她说：酒店业务是边生产边销售，会计上不核算在产品，购进的原材料有的直接记入了主营业务成本；酒店提供的劳务收入在会计上核算营业税而没有核算增值税；酒店的主营业务收入科目中没有反映应收账款的收入，对于来店消费的单位或者个人签单而未付款的部分长期挂账不作收入入账。她所说的酒店的这些做法是否正确？饮食服务业会计核算有何特点？与工商企业会计核算相比较又有何不同？让我们通过本章的学习来寻找答案。

 ## 4.1　饮食服务业会计概述

4.1.1　饮食服务业的经营特点

饮食服务业属于第三产业。饮食业指通过同时提供饮食和饮食场所的方式为顾客提供饮食消费服务的业务。服务业指利用设备、工具、场所、信息或技能为社会提供服务的业务，包括代理业、旅店业、旅游业、仓储业、租赁业、广告业、其他服务业（如浴池、理发、洗染、照相、美术、打字、复印、咨询）等。在实际工作中，饮食业和服务业的业务内容是相互联系的，有些甚至是相互交叉的，都是以提供劳务为主的经营性企业，所以都可以属于服务业这个大范畴。

饮食服务企业的经营特点如下：

1）饮食服务企业是以提供劳务为主的经营性企业。企业凭借一定的场所和劳动条件，提供相应的服务设施和物质资料，通过服务性劳动来为顾客服务，服务过程同时就是消费过程，如饮食业将主、副食品加工成菜肴、点心，供人食用等。

2）饮食服务业具有生产、销售、服务三种职能。企业一般边生产边销售，并且整个生产经营过程很短，生产与销售紧密联系，在销售过程还需提供消费场所和服务劳动，所以，饮食服务业执行着生产、销售、服务三种职能。

3）经营的门类和服务的项目很多。为了方便顾客，适应多种需要，饮食服务业不断扩大服务领域，经营和兼营多种服务项目。如饮食店出售烟、酒，旅店业出售日用百货、食品，照相馆出售照相器材，酒店开办音乐茶座、酒吧、旅游、服务等。

4.1.2　饮食服务业会计核算的特点

饮食服务企业会计核算的特点是由其经营特点所决定的。

1）饮食服务业包括宾馆、酒店、度假村、游乐场、歌舞厅、餐馆、酒楼、旅店、美容美发、洗浴、照相、洗染、修配、咨询等各类服务企业及旅游企业，经营项目繁多、方式各不相同，因此，会计核算上要综合运用工业、商业和服务业的核算方法。

2）饮食服务业提供的是综合服务。如酒店的营业收入就包括客房收入、餐饮收入、商品销售收入、洗衣收入、美容收入、娱乐收入等，这些收入都作为企业的主营业务收入。

3）饮食服务业的存货包括的内容与生产性行业有所区别，会计上不核算在产品、半成品、产成品等项目。饮食服务业的原材料、燃料、物料用品、低值易耗品等存货，会计上按原始进价加由企业可以直接认定的运杂费和交纳的税金等计价。但对于一次购入多种存货的发生的运杂费等往往难以直接认定到某种存货中，这种情况下，可作为销售费用直接计入当期损益。

4）饮食服务业提供劳务时，其劳动耗费主要是人工费用和经营过程中的物化劳动耗费。会计上对经营过程中能直接认定到某一核算对象中的费用，应作为主营业务成本，对于不能直接认定的费用，作为期间费用。因此，饮食服务企业对经营过程中直接材料耗费计入主营业务成本，但对人工费用不计入主营业务成本，而是计入销售费用。

5）饮食服务企业提供的劳务主要是交纳营业税的劳务，所以会计上主要核算营业税，不核算增值税。

4.1.3　饮食服务企业主要会计科目

饮食服务企业进行会计核算时使用的会计科目（账户），一般分为资产类、负债类、所有者权益类、损益类账户四大类，没有成本类账户。饮食服务业常用的会计账户有：

1）资产类账户：库存现金、银行存款、应收账款、其他应收款、在途物资、原材料、周转材料、库存商品、商品进销差价、固定资产、累计折旧、待处理财产损溢、长期待摊费用。

2）负债类账户：应付账款、短期借款、预收账款、应付职工薪酬、应交税费、其他应付款。

3）所有者权益账户：实收资本、资本公积、盈余公积、本年利润、利润分配。

4）损益类账户：主营业务收入、其他业务收入、主营业务成本、其他业务成本、销售费用、营业税金及附加、管理费用、财务费用、投资收益、营业外收入、营业外支出、资产减值损失、所得税费用。

饮食企业经营业务的内容较多，本章主要讲述饮食服务企业存货的核算，收入的核算，成本费用的核算。

4.2 饮食经营业务中存货的核算

饮食企业的存货包括各种原材料、燃料、物料用品、低值易耗品、外购商品等。企业购入的原材料、燃料、物料用品、低值易耗品等应按实际成本计价，即按原始进价加由企业可以直接认定到存货中的运杂费和缴纳的税金计价。这里的运杂费包括运输费、装卸费、包装费、保管费、途中保险费、运输途中的合理损耗和入库前的整理挑选费用等。但企业商品部、商场的外购商品按售价金额核算。

4.2.1 原材料的核算

饮食企业的原材料，通常可分为主食品、副食品、调味品三类。第一类主食品，如米、面、杂粮等；第二类副食品，如肉类、鱼类、蛋类、禽类、海味、豆制品、蔬菜等；第三类调味品，如食盐、食糖、食油、酱醋、香料、味精等。饮食业原材料按管理方式可分为入库管理和厨房管理两种。入库管理即原材料购进后办理入库手续，由专人保管，设置并登记保管账目，建立领退料手续制度，如粮食、食油、食糖和价高贵重的海味、干菜等。厨房管理即购进后直拨厨房使用，不入库管理，如购入的蔬菜、肉类、鱼类、禽类等鲜活原材料，购进后直接交付厨房，由厨房办理验收和领用手续。

1. 原材料购进的核算

原材料购进是饮食企业经营过程的重要一环，对生产、服务、销售等经营环节有极大的影响。因此，原材料购进后，应按验收制度执行，履行过秤、点数、验质等手续。企业购入的原材料应按实际成本入账，其实际成本包括买价和能直接认定的运杂费、保管费以及缴纳的税金等。企业购入并已验收入库的各种原材料，在"原材料"账户核算，会计上借记"原材料"账户，贷记"银行存款"等账户。

【例 4-1】 某饭店从本市粮店购进大米 500 千克，每千克 3 元，计 1500 元；购进面粉 500 千克，每千克 4 元，计 2000 元。材料已验收入库，货款已用转账支票支付。其会计分录如下：

借：原材料   3500

    贷：银行存款   3500

如有市内运杂费，数额较小的可以直接计入"销售费用"账户，数额较大的也可记入原材料成本。企业对于购进后直接交给厨房管理使用的原材料，因未入库管理，不通过"原材料"账户核算。

2. 原材料领用的核算

饮食企业原材料领用是指企业内部各营业部门为服务经营需要领用各种原材料，包括从库房领用和购进直接使用等。对从库房领用原材料的实际成本，可以采用先进先出法、加权平均法、个别计价法计算确定。不同的原材料可以采用不同的计价方法，计价方法一经确定，不得随意变更。

企业领用材料的实际成本通过"主营业务成本"账户核算，对于领用已入库管理的原材料时，借记"主营业务成本"账户，贷记"原材料"账户。月份终了，按操作间、营业部门等实地盘点的结存原材料数额（即已领未用数），办理假退料手续，调整营业成本。即月末用红字金额借记"主营业务成本"账户，贷记"原材料"账户；下月初再将假退料的金额原数冲回，即用蓝字作上述分录。

如果购进的原材料不入仓库，而直接交付各营业部门使用，则直接计入"主营业务成本"账户，借记"主营业务成本"账户，贷记"银行存款"等账户。采用这种方法，平时领用原材料时，可以不在会计账簿上反映；到期末，通过实地盘点确定期末结存材料的金额，再用倒挤的方法计算本期实际耗用原材料的数额（即盘存计耗）。

【例 4-2】　某企业从仓库领用材料一批，金额 5670 元，同时以现金购进鲜活材料一批，金额 980 元，直接交拨厨房使用。其会计分录如下：

借：主营业务成本　　　　　　　　　　　　　　　　　　　　　　6650

　　贷：原材料　　　　　　　　　　　　　　　　　　　　　　　5670

　　　　库存现金　　　　　　　　　　　　　　　　　　　　　　　280

【练一练】　某饮食企业购进大米 800 千克，每千克 5 元，计 4000 元；购进面粉 500 千克，每千克 6 元，计 3000 元。材料已验收入库，货款已用转账支票支付。从仓库领用大米 400 千克，每千克 5 元，金额 2000 元。要求作材料购进和领用的分录。

4.2.2　燃料的核算

饮食企业的燃料，指在业务经营与管理过程中，消耗的煤、柴、炭、煤气等，可分为液体燃料、固体燃料和气体燃料三大类。购入燃料的实际成本，包括买价和能直接认定的运杂费等。如果运杂费数额较小，为简化核算，也可以直接记入"销售费用"账户。

企业购入的各种燃料，在原材料账户中设专户核算，借记"原材料——燃料"账户，贷记"银行存款"等账户。耗用的燃料直接计入当期费用，营业部门耗用的燃料，记入"销售费用"账户；管理部门耗用的燃料，记入"管理费用"账户。

【例 4-3】　某饮食企业购进煤炭 15 吨，每吨 520 元，金额 7800 元，款项以存款支付。

借：原材料——燃料——煤炭　　　　　　　　　　　　　　　　7800

　　贷：银行存款　　　　　　　　　　　　　　　　　　　　　　7800

假设本月厨房实际耗用煤炭 13 吨，金额 6760 元。

借：销售费用——燃料费　　　　　　　　　　　　　　　　　　6760

　　贷：原材料——燃料——煤炭　　　　　　　　　　　　　　　6760

对于当时购进、当时就耗用的各种燃料，可以直接列入有关费用账户，不通过"原材料——燃料"账户。

4.2.3 物料用品的核算

饮食企业的物料用品，指除原材料、燃料、低值易耗品以外的其他物品，主要包括企业的日常用品、办公用品、包装物品、日常维修用材料、零配件以及清洁卫生用品等。企业购入的物料用品按实际成本入账，其实际成本包括买价和能直接认定的运杂费等。由于饮食企业购入的物料用品多为自用，且往往是一次购买多种物料用品，这种情况下，发生的运杂费往往难以直接认定到某种物料用品中去，可将其直接计入"销售费用"账户。企业购入的各种物料用品也在"原材料"账户中设专户核算。

【例 4-4】 某饮食企业购进办公用品一批，金额 1720 元，运杂费 50 元，全部款项以现金支付。

借：原材料——物料用品——办公用品   1720

  销售费用——运杂费   50

  贷：现金   1770

由于物料用品使用时间短、容易损耗、使用后一般无法收回，所以，物料用品一经领用即转化为费用。企业领用物料用品时，应按不同用途或领用部门，借记"销售费用"或"管理费用"账户，贷记"原材料——物料用品"账户。

沿用上例，假定该企业本月管理部门领用办公用品 1800 元。

借：管理费用——办公费   1800

  贷：原材料——物料用品——办公用品   1800

【练一练】 某饮食企业以存款购进物料用品一批 3280 元（已入库），本月管理部门领用物料用品 1960 元。要求作购进和领用物料用品的分录。

4.2.4 低值易耗品的核算

低值易耗品指不作为固定资产核算的各种用具、家具等，如工具、管理用具，玻璃器皿，以及在经营过程中周转使用的包装容器等。低值易耗品能多次参加服务经营过程，其价值随着使用磨损逐渐地、部分地转移到费用中去。购入低值易耗品，应按进价加运杂费一并入账，记入"周转材料"账户，但如果支付的运杂费金额较小或难以按品种分摊的，也可只按低值易耗品的购进价入账，运杂费在"销售费用"账户列支。

低值易耗品属于流动资产，企业领用的低值易耗品时可以一次转销计入费用，也可以分次摊销计入费用。一次转销的低值易耗品，在领用时将其全部价值计入有关的费用账户，借记"销售费用"，"管理费用"账户，贷记"周转材料"账户。报废时，将报废低值易耗品的残料价值作为当月低值易耗品摊销额的减少，借记"原材料"等账户，贷记"销售费用"、"管理费用"等账户。这种摊销方法，适用于价值较低，使用期限短或容易破碎，一次领用数量不多的低值易耗品。

【例 4-5】 某饮食企业购置餐桌 10 张，每张 750 元；单人沙发 20 对，每对 460 元，共发生运费 180 元（直接列费用），款项以存款支付，货品已入库。

借：周转材料——餐桌	7500
——沙发	9200
销售费用——运杂费	180
贷：银行存款	16 880

如果餐厅领用餐桌 5 张，金额 3750 元，采用一次转销法。

借：销售费用——低值易耗品摊销	3750
贷：周转材料——餐桌	3750

如果由于一次领用低值易耗品的数额较大，也可采用分次摊销法或五五摊销法。采用五五摊销的低值易耗品在领用时，借记"周转材料（在用）"账户，贷记"周转材料（在库）"账户；摊销时应按摊销额，借记"销售费用"、"管理费用"账户，贷记"周转材料（摊销）"账户。低值易耗品报废时应补提摊销额，将低值易耗品的残料价值作为当月低值易耗品摊销的减少，冲减有关费用账户，同时转销全部已提摊销额，借记"周转材料（摊销）"账户，贷记"周转材料（在用）"账户。

【例 4-6】 某饮食企业管理部门本月领用一批低值易耗品，共计 36 000 元，采用五五摊销法。

领用时：借：周转材料——在用	36 000
贷：周转材料——在库	36 000
摊销时：借：管理费用—低值易耗品摊销	6000
贷：周转材料——摊销	18 000

4.2.5 库存商品的核算

饮食企业的库存商品主要是指外购验收入库用于销售的各种商品，如企业商品部、小卖部或附设商店库存的各种商品。饮食企业对于库存商品的核算一般采用售价金额核算的方法，但应增设"商品进销差价"账户核算企业购进商品的售价与进价的差额。饮食企业购入商品验收入库时，按售价借记"库存商品"账户，按进价贷记"银行存款"账户，同时按商品进价与售价的差额贷记"商品进销差价"账户。销售商品时，平时可按售价结转成本，借记"主营业务成本"账户，贷记"库存商品"账户；月份终了，计算结转本月已销商品应分摊的进销差价，借记"商品进销差价"账户，贷记"主营业务成本"账户，将平时按售价结转的营业成本调整为进价成本。

【例 4-7】 某饮食企业商品部购进某商品 1000 件，每件进价 24 元，款项以银行存款支付，商品已验收入库，每件售价 32 元。

借：库存商品	32 000
贷：银行存款	24 000
商品进销差价	8000

本月销售该商品 800 件，收到货款 25 600 元存入银行。

注意	注意饮食服务企业一般交纳营业税，不交纳增值税，所以购进或销售商品，均不反映增值税进项税额和销项税额。

借：银行存款　　　　　　　　　　　　　　　　　　　　　　　　　25 600
　　贷：主营业务收入　　　　　　　　　　　　　　　　　　　　　　　25 600

同时以售价结转销售成本，并注销库存商品：

借：主营业务成本　　　　　　　　　　　　　　　　　　　　　　　25 600
　　贷：库存商品　　　　　　　　　　　　　　　　　　　　　　　　　25 600

假定该商品的差价率为25%，计算并结转本月已销商品进销差价，将按售价反映的销售成本调整为进价成本。

已销商品应分摊的进销差价：$25\,600 \times 25\% = 6400$（元）

借：商品进销差价　　　　　　　　　　　　　　　　　　　　　　　6400
　　贷：主营业务成本　　　　　　　　　　　　　　　　　　　　　　　6400

上述分录入账后，本月已销商品的进价成本＝$25\,600 - 6400 = 19\,200$（元）。

【练一练】　某饮食企业以存款购进某商品800件，每件进价12元，商品已验收入库，每件售价16元。本月销售该商品600件，收到货款9600元存入银行。要求作购进和销售商品的分录。假定该商品的差价率为25%，计算并结转已销商品进销差价。

4.2.6　存货储存的明细核算

饮食企业进行存货明细分类核算时，对于原材料应按各种原材料的品名设置明细账，对于燃料应按各种燃料设置明细账，对于物料用品应按物料用品类别设置明细账，对于低值易耗品应按照类别、品种、规格设置明细账，而对于库存商品应按商品类别或存货地点设置明细账，进行金额核算。为了做到账实相符，企业应当定期对各项存货进行盘点，发现盘盈、盘亏及毁损，应记入"待处理财产损溢"账户。

盘盈存货时，借记"原材料"、"周转材料"、"库存商品"等账户，贷记"待处理财产损溢"账户；盘亏时作相反分录。查明原因后，分不同情况进行处理。盘盈的存货冲减管理费用，借记"待处理财产损溢"账户，贷记"管理费用"账户。盘亏和毁损的存货扣除过失人或保险公司赔款和残料价值后，计入"管理费用"账户，借记"管理费用"账户，贷记"待处理财产损溢"账户。存货毁损如果属于非常损失的，扣除保险公司赔款和残料价值后，列入"营业外支出"账户。

【练一练】　某饮食企业盘亏原材料273元，以后查明原因为自然损耗。要求分别作处理前和处理后的分录。

 ## 4.3　饮食经营业务中收入的核算

饮食企业的收入，指企业经营过程中由于提供劳务或销售商品等所取得的收入。饮食企业（主要指酒店、宾馆、旅店、餐馆等）的营业收入，主要包括客房收入、餐饮收入、商品部收入、车队收入、服务收入（如娱乐业的门票收费、台位费、点歌费、烟酒、饮料、茶水、小吃等收费）、其他收入等。

4.3.1　饮食制品售价的确定

饮食企业饮食制品的销售价格一般是由原材料成本和毛利额构成的，它是在定额成本或标准成本的基础上，加一定的毛利额或加成额计算出来的。毛利额或加成额用来补偿费用、税金支出并保证企业取得合理的利润。目前我国一些饮食企业根据有关规定多采用毛利率法和加成率法计算并确定各种饮食制品的销售价格。

1. 售价毛利率法

售价毛利率法，也称内扣毛利率法。这是以饮食制品销售价为基础，先确定饮食制品的毛利率，然后利用内扣方法计算其销售价格的一种方法，其计算公式如下：

$$毛利率＝毛利额/饮食制品销售价×100\%$$
$$饮食制品销售价＝定额（或标准）成本/（1－毛利率）$$

【例 4-8】　某饮食企业餐厅制作一份辣椒炒肉的配料定额成本为 15 元，规定毛利率为 35%，按上述公式计算：

$$每份辣椒炒肉的售价＝15/（1－35\%）＝23（元）。$$

2. 成本加成率法

成本加成率法，也称外加毛利率法。这是以配料定额（或标准）成本为基础，加上规定的加成率，用成本外加毛利的方式来计算饮食制品销售价格的一种方法，其计算公式如下：

$$加成率＝加成额/定额（或标准）成本×100\%$$
$$饮食制品销售价＝定额（或标准）成本×（1＋加成率）$$

沿用上例：如果规定的加成率为 54%，则每份辣椒炒肉的销售价为：

$$15×（1＋54\%）＝23.1（元）$$

上述两种方法可以相互换算，其中毛利率与加成率的换算公式如下：

1）毛利率换算成加成率：

$$加成率＝毛利率/（1－毛利率）×100\%$$

2）加成率换算为毛利率：

$$毛利率＝加成率/（1＋加成率）×100\%$$

4.3.2　营业收入的核算

企业的营业收入应以提供劳务、收到价款或取得收款的凭据时予以确认。饮食企业各项饮食制品的销售收入及其他经营业务收入，均在"主营业务收入"账户核算。各项收入实现时，借记"银行存款"等账户，贷记"主营业务收入"账户；期末应将"主营业务收入"账户的余额转入"本年利润"账户。主营业务收入账户应按收入类别设置明细账，进行明细分类核算。

【例 4-9】 某饮食企业各营业部门报来营业日报表及内部缴款单，其中：餐费收入 9800 元，冷饮收入 1700 元，服务收入 2600 元，款项均已存入银行。

借：银行存款　　　　　　　　　　　　　　　　　　　14 100

贷：主营业务收入　　　　　　　　　　　　　　　　　　14 100

【练一练】 某饮食企业取得餐费收入 12 500 元，服务收入 8500 元，款项收到均已存入银行。

4.3.3　商品部收入的核算

饮食企业为了更好地为消费者服务，除销售自制的饮食品外，还附设商品部或小卖部，供应一些外购商品，如烟、酒、饮料等。外购商品的出售，属于商品零售的性质，一般采用售价金额核算的方法。商品部的商品销售方式多为柜台销售，其收款方式有集中收款（即设收款台收款）和分散收款（即一手钱一手货）两种。商品部外购商品的销售收入也在"主营业务收入"账户核算，其具体核算方法参见本章**【例 4-7】**。

4.4　饮食经营业务中成本费用的核算

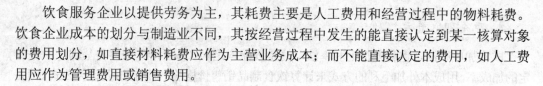

饮食服务企业以提供劳务为主，其耗费主要是人工费用和经营过程中的物料耗费。饮食企业成本的划分与制造业不同，其按经营过程中发生的能直接认定到某一核算对象的费用划分，如直接材料耗费应作为主营业务成本；而不能直接认定的费用，如人工费用应作为管理费用或销售费用。

4.4.1　成本费用核算的原则

饮食企业的成本费用核算必须按权责发生制原则，严格区分本期成本费用与下期成本费用的界限，直接费用与间接费用的界限。

1）成本费用核算应按权责发生制原则核算。凡是应由本期负担的费用，不论款项是否支付，均应计入当期成本费用；凡是不应由本期负担的费用，即使款项已经支付，也不应计入当期成本费用。

2）划分直接费用和间接费用的界限。能直接认定的费用直接计入有关成本核算对象中去；而不能直接认定的费用，可以直接以费用列支。

4.4.2　营业成本的核算

饮食服务企业的营业成本，指企业在经营过程中发生的各项直接支出，如直接材料耗费成本，商品销售进价成本和其他直接成本等。营业成本不包括人工费用，因为饮食服务企业提供的服务往往是综合性的，哪种劳务耗费了多少人工费用，应负担多少工资，没有一个较合理的标准和分摊的依据，不便于操作，不好直接予以对象化。因此，对人工费用采用直接计入期间费用的方法，而不将其计入营业成本。

企业各项经营业务的营业成本在"主营业务成本"账户核算，企业营业成本应当与其营业收入相互配比。当月实现营业收入时，应将与其相关的营业成本同时登记入账。饮食企业核算营业成本时，一般只核算一定时期内耗用的原材料成本。对耗用的原材料，不同企业可根据其经营管理的需要和领用原材料的多少，选择不同的管理核算方法。在一些大中型饮食服务企业里，由于领用消耗原材料数额较大，管理要求高，多采用"领料制"；而在一些小型饮食服务企业，由于用料少，管理分工不必过细，为简化核算，可采用"盘存计耗"的方法。

1. 实行领料制的企业原材料成本的核算方法

所谓"领料制"是按实际领用原材料的数额计算耗用原材料并结转成本的一种方法。由于原材料的耗用实行领料制，领用时已将原材料价值全部列作营业成本，但已领的原材料月末不一定全部耗用，同时还会有一些半成品和未出售的制成品，这些不能计入本月营业成本。因此，厨房应对未耗用的原材料、半成品和未售出的制成品进行盘点，并以月末盘存数冲减当月营业成本。

【例 4-10】 某饮食企业本月从仓库领用原材料一批，金额 79 680 元。

借：主营业务成本　　　　　　　　　　　　　　　　　　　79 680
　　贷：原材料　　　　　　　　　　　　　　　　　　　　　　79 680

假定月末营业部门已领未用的原材料有 1600 元，则会计上作假退料处理

借：主营业务成本　　　　　　　　　　　　　　　　　1600（红字）
　　贷：原材料　　　　　　　　　　　　　　　　　　　1600（红字）

上述分录入账后，本月耗用原材料的实际成本为：79 680－1600＝78 080 元。

下月初再作蓝字分录，将上述已领未用材料的金额转作下个月的成本。

2. 实行盘存计耗的企业原材料成本的核算方法

盘存计耗制核算成本的方法，适用于没有条件实行领料制的企业。这种方法下会计核算采用实地盘存制，厨房平时领用原材料时，只办理原材料登记和领发手续，财会部门可不进行账务处理。月末将厨房剩余材料、半成品、制成品的盘存数额加上仓库原材料的盘存金额，可作为月末原材料结存成本，再据以倒挤出本月耗用的原材料成本。其计算公式是：

本月耗用原材料成本＝月初原材料结存成本＋本月购进原材料成本

－月末原材料结存成本

【例 4-11】 某饮食企业"原材料"账户的月初余额为 9300 元，本月购进原材料的金额为 87 000 元，月末结存原材料的金额为 9250 元，采用盘存计耗方法计算和结转本月耗用原材料成本。

本月耗用原材料成本＝9300＋87 000－9250＝87 050（元）

借：主营业务成本　　　　　　　　　　　　　　　　　　　87 050

贷：原材料 87 050

【练一练】 某饮食企业"原材料"账户的月初余额为 12 700 元，本月购进原材料的金额为 96 400 元，月末结存原材料的金额为 10 230 元，采用盘存计耗方法计算和结转本月耗用原材料成本。

4.4.3 期间费用的核算

饮食企业的期间费用是指本期发生的直接计入损益的费用，包括销售费用、管理费用和财务费用，它们都应从营业收入中得到补偿。销售费用和管理费用，主要依据费用发生的环节来划分，属于销售部门发生的计入销售费用，属于管理部门发生的计入管理费用，公共性的、不易分摊的费用，一般列作管理费用。

1. 销售费用的核算

销售费用是指饮食企业各营业部门在经营过程中发生的各项营业费用，按经济内容划分，包括运输费、装卸费、包装费、保管费、保险费、燃料费、水电费、展览费、广告宣传费、邮电费、差旅费、洗涤费、清洁卫生费、低值易耗品摊销、物料消耗、折旧费、修理费、经营人员工资及福利费、工作餐费、服装费以及其他营业费用。

1）运输费：企业不能直接认定的购入存货发生的运输费用。内部不独立核算的车辆发生的燃料费、养路费等，也计入运输费。

2）保险费：企业向保险公司投保所支付的财产保险费用。

3）燃料费：企业营业部门耗用的燃料费用。

4）水电费：企业营业部门耗用的水费、电费。

5）广告宣传费：企业进行广告宣传而应支付的广告费和宣传费用。

6）差旅费：企业营业部门人员出差的差旅费。

7）洗涤费：企业营业部门洗涤工作服而发生的洗涤费。

8）低值易耗品摊销：企业营业部门领用低值易耗品的摊销费用。

9）物料消耗：企业营业部门领用物料用品而发生的费用，物料用品主要包括日常用品（如针棉织品、餐具、塑料制品、卫生制品、印刷品等）、办公用品（如办公用文具、纸张等）、包装物品、日常维修用材料、零配件等。

10）经营人员工资及福利费：直接从事经营活动的营业部门人员的工资及福利费，包括工资、资金、津贴和补贴、社会保险费（含医疗保险费、养老保险费、失业保险费、工伤保险费、生育保险费）、住房公积金、工会经费和职工教育经费等。

11）工作餐费：企业按规定为职工提供工作餐而支付的费用。

12）服装费：企业按规定为职工制作服装而支付的费用。

企业各营业部门在经营过程中发生的各项费用，通过"销售费用"账户核算。发生上述各项费用时，借记"销售费用"账户，贷记"库存现金"、"银行存款"、"应付职工薪酬"等账户。期末应将"销售费用"账户的余额转入"本年利润"账户。

【例 4-12】 某饮食企业结转本月应付营业人员工资 16 740 元，作会计分录。

借：销售费用——工资　　　　　　　　　　　　　　　　　16 740

　　贷：应付职工薪酬　　　　　　　　　　　　　　　　　　　16 740

【例 4-13】　某饮食企业以存款支付各营业部门水电费 12 560 元，以现金支付各营业部门的清洁卫生费 798 元。

借：销售费用——水电费　　　　　　　　　　　　　　　　12 560

　　　　　　　——清洁卫生费　　　　　　　　　　　　　　　798

　　贷：银行存款　　　　　　　　　　　　　　　　　　　　12 560

　　　　库存现金　　　　　　　　　　　　　　　　　　　　　798

2. 管理费用的核算

管理费用是指饮食服务企业为组织和管理本企业经营活动而发生的费用以及由企业统一负担的费用，主要包括两大部分内容：一是企业为组织和管理经营活动而发生的费用，二是涉及企业若干部门的难以区分或不必要区分、由企业统一负担的费用。按其经济内容划分，管理费用包括公司经费、工会经费、职工教育经费、劳动保险费、劳动保护费、董事会费、外事费、租赁费、咨询费、审计费、诉讼费、排污费、绿化费、土地使用费、土地损失补偿费、技术转让费、研究开发费、税金（房产税、土地使用税、车船使用费、印花税）、燃料费、水电费、折旧费、修理费、无形资产摊销、低值易耗品摊销、开办费、交际应酬费、存货盘亏及毁损、上级管理费及其他管理费用。

1）公司经费：企业行政管理部门的行政人员工资及福利费、社会保险费、工作餐费、服装费、办公费、差旅费、会议费、物料消耗及其他行政经费。

2）劳动保险费：企业支付的离退休人员的退职金、退休金及其各项经费。

3）董事会费：企业最高权利机构及其成员为执行职能而发生的各项费用。

4）外事费：出国展览、推销、考察、实习培训和接待外宾所发生的食、宿、交通费用。

5）租赁费：企业租赁办公用房、营业用房等的租赁费用。

6）燃料费：企业支付的燃料及动力费用。

7）水电费：企业除营业部门以外的其他部门耗用的水费、电费。

8）低值易耗品摊销：企业除营业部门以外的其他部门领用的低值易耗品的摊销费用，规模小的企业发生的低值易耗品摊销也可全部计入管理费用。

9）交际应酬费：企业在业务交往过程中开支的业务招待费用。

10）折旧费：企业固定资产的折旧费用。为简化核算，营业部门的固定资产折旧费，也可不计入销售费用，而全部计入管理费用。

11）修理费：企业固定资产、低值易耗品发生的修理费用。

12）上级管理费：企业上交集团公司和管理公司的费用。

企业行政管理部门为组织和管理本企业经营活动而发生各项管理费用，在"管理费用"账户核算。发生上述各项费用时，借记"管理费用"账户，贷记"库存现金"、"银行存款"、"应付职工薪酬"、"累计折旧"等账户。期末，应将"管理费用"账户余额转入"本年利润"账户。

【例 4-14】 某饮食企业以现金支付交际应酬费 880 元,作会计分录。

  借:管理费用——交际应酬费   880

    贷:库存现金   880

【例 4-15】 某饮食企业计提管理部门固定资产折旧费 2720 元,作会计分录。

  借:管理费用——折旧费   2720

    贷:累计折旧   2720

【练一练】 某饮食企业本月应付营业人员工资 23 780 元,提取社会保险费 2590 元,要求作分配和发放工资,提取和交纳社会保险费的分录。

3. 财务费用的核算

财务费用指企业为筹集经营所需资金而发生的费用,包括利息支出(减利息收入)、汇兑损益、金融机构手续费等。企业发生财务费用时,借记"财务费用"账户,贷记"银行存款"、"应付利息"等账户。期末,应将"财务费用"账户余额转入"本年利润"账户。

4.4.4 营业税金和所得税费用的核算

饮食服务企业与营业收入有关的、应由各项经营业务负担的营业税金及附加主要包括营业税,城市维护建设税和教育费附加等。

1. 营业税的核算

营业税是对在我国境内提供应税劳务,转让无形资产和销售不动产的单位和个人,就其取得的营业收入额征收的一种税。应纳营业税的劳务项目包括代理业、旅店业、饮食业、旅游业、广告业、仓储业、租赁业、其他服务业等。饮食服务企业提供上述应税劳务,应按照营业额和规定的税率计算应纳营业税额,服务业的营业税率为 5%。

应纳营业税额=营业额×税率

饮食服务企业的营业额主要指营业收入额。月份终了,企业按规定计算出当月应交纳的营业税时,借记"营业税金及附加"账户,贷记"应交税费—应交营业税"账户。期末应将"营业税金及附加"账户的余额转入"本年利润"账户。

【例 4-16】 某饮食企业本月营业收入额为 576 400 元,营业税率 5%,计算和结转本月应交营业税。

应交营业税=576 400×5%=28 820(元)

  借:营业税金及附加   28 820

    贷:应交税费——应交营业税   28 820

注意	饮食店、餐馆、酒店、宾馆等单位发生属于营业税"服务业"应税行为的同时又销售货物给顾客的,不论顾客是否在现场消费,其货物部分的收入额均应当并入营业额征收营业税,不征收增值税。另外,饮食企业销售不动产应交纳的营业税,记入"固定资产清理"账户。

2．城市维护建设税和教育费附加的核算

城建税和教育费附加都是以企业应交纳的增值税、消费税、营业税的税额为计征依据，并与这三种税同时交纳。企业计算出当期应交纳的城建税、教育费附加时，借记"营业税金及附加"账户，贷记"应交税费—应交城建税"等账户。

【例 4-17】　某饮食企业本月应交营业税 28 820 元，要求分别按 7% 和 3% 的比例计提本月应交的城建税和教育费附加。

$$应交城建税＝28\ 820×7\%＝2017.4（元）$$
$$应交教育费附加＝28\ 820×3\%＝864.6（元）$$

借：营业税金及附加　　　　　　　　　　　　　　　　　　　2882

　　贷：应交税费——应交城建税　　　　　　　　　　　　　　　　2017.4

　　　　应交税费——应交教育费附加　　　　　　　　　　　　　　864.6

下月初，实际上交纳上述营业税、城建税和教育费附加时，借记"应交税费"账户，贷记"银行存款"账户。

【练一练】　某饮食企业本月应交营业税 31 820 元，应交的城建税 2100 和教育费附加 1082 元，要求作计提和交纳有关税费的分录。

3．所得税费用的核算

所得税是对企业一定期间的生产经营所得和其他所得依法征收的一种税。所得税是企业应计入当期损益的所得税费用。所得税的征税对象是应纳税所得额，应纳税所得额是一个税收概念，与会计上的利润总额既有联系又有区别。利润总额是确定应纳税所得额的基础，在利润总额基础上加上或减去纳税调整数，即可得出应纳税所得额。

企业所得税一般是以全年的应纳税所得额作为计税依据，分月或分季预缴，年终汇算清缴。期末计算出企业当期应交所得税时，借记"所得税费用"账户，贷记"应交税费—应交所得税"账户，期末应将"所得税费用"账户余额转入"本年利润"账户。

【例 4-18】　某饮食企业某月利润总额 980 000 元，假定没有纳税调整因素，所得税率 25%，要求计算和结转本月份应交的所得税。

$$本月应交所得税＝980\ 000×25\%＝245\ 000（元）$$

借：所得税费用　　　　　　　　　　　　　　　　　　　　245 000

　　贷：应交税费——应交所得税　　　　　　　　　　　　　　　　245 000

期末将"所得税费用"账户余额 245 000 元转入"本年利润"账户时，

借：本年利润　　　　　　　　　　　　　　　　　　　　　245 000

　　贷：所得税　　　　　　　　　　　　　　　　　　　　　　　245 000

【练一练】　某饮食企业本月利润总额 895 000 元，假定没有纳税调整因素，所得税率 25%，要求计算和结转本月份应交的所得税。

练 习 题

一、选择题

1. 饮食企业原材料的管理方式有（　　）。

　　A. 入库管理　　　　B. 厨房管理　　　　C. 计划管理　　　　D. 定额管理

2. 下列项目，可以计入"销售费用"账户的有（　　）。

　　A. 购入原材料的运费　　　　　　　　B. 购入燃料的运费

　　C. 购入物料用品的运费　　　　　　　D. 购入低值易耗品的运费

3. 饮食企业低值易耗品的摊销方法有（　　）。

　　A. 一次转销法　　　B. 分次摊销法　　　C. 直接转销法　　　D. 备抵法

4. 下列项目，在"主营业务成本"账户核算的有（　　）。

　　A. 耗用原材料成本　　　　　　　　　B. 商品销售成本

　　C. 营业人员工资　　　　　　　　　　D. 水电费支出

5. 下列项目，在"销售费用"账户核算的有（　　）。

　　A. 包装费　　　　　B. 保险费　　　　　C. 邮电费　　　　　D. 差旅费

6. 下列项目，可以在"管理费用"账户核算的有（　　）。

　　A. 办公费　　　　　B. 会议费　　　　　C. 劳动保险费　　　D. 租赁费

7. 下列费用项目，可以在"管理费用"账户核算的有（　　）。

　　A. 折旧费　　　　　B. 修理费　　　　　C. 上级管理费　　　D. 董事会费

8. 饮食服务企业下列支出中，对营业利润有影响的是（　　）。

　　A. 销售费用　　　　　　　　　　　　B. 营业税金及附加

　　C. 管理费用　　　　　　　　　　　　D. 营业外支出

二、判断题

1. 饮食服务企业的客房收入、餐饮收入和商品部收入，都可在"主营业务收入"账户核算。　　　　　　　　　　　　　　　　　　　　　　　　　　　　　　　（　　）

2. 饮食企业对经营过程中直接材料耗费和人工费用等，均计入营业成本。（　　）

3. 饮食企业的"主营业务成本"和"销售费用"账户，都应在期末转入"本年利润"账户。　　　　　　　　　　　　　　　　　　　　　　　　　　　　　　　　　（　　）

4. 饮食企业对人工费用一般不计入主营业务成本，而是直接计入销售费用或管理费用。　　　　　　　　　　　　　　　　　　　　　　　　　　　　　　　　　（　　）

5. 饮食企业购入的鲜活材料，直接交付厨房使用的，在"管理费用"账户列支。

　　　　　　　　　　　　　　　　　　　　　　　　　　　　　　　　　（　　）

6. 对于营业部门已领未用的材料，应在月末办理假退料手续，并将材料退回仓库。

　　　　　　　　　　　　　　　　　　　　　　　　　　　　　　　　　（　　）

7. 购入物料用品的运杂费，可以计入物料用品的成本，也可以直接计入"销售费用"账户。 （ ）

8. 饮食服务企业商品部的库存商品一般采用售价金额核算法。 （ ）

9. 饮食服务企业商品部的已销商品成本，可在"主营业务成本"账户核算。（ ）

10. 饮食服务企业的营业收入，在"主营业务收入"账户核算。 （ ）

11. 成本加成率法，又称外加毛利率法。 （ ）

12. 饮食企业自制饮食制品的成本，在"生产成本"账户核算。 （ ）

13. 饮食企业在核算成本费用时，应遵循权责发生制原则。 （ ）

14. 在没有纳税调整因素的情况下，企业的应纳税所得额与利润总额相等。 （ ）

15. 饮食企业对于不能直接认定的购入存货发生的运输费用，在"营业外支出"账户核算。 （ ）

三、业务题

某饮食企业本月发生下列经济业务，要求作出会计分录。

1) 购入原材料 187 100 元，材料已验收入库，款已付。

2) 购入原材料 11 240 元，款已付，材料直拨厨房使用。

3) 厨房从仓库领用原材料 103 500 元。

4) 购入燃料一批，价值 6190 元，款已付，燃料已入库。

5) 营业部门领用燃料 3210 元，管理部门领用燃料 1970 元。

6) 购入物料用品一批，价值 3682 元，款已付，用品已入库。

7) 营业部门和管理部门耗用的物料用品分别为 1270 元和 5540 元。

8) 本月营业人员工资 15 960 元，管理人员工资 8750 元，均以现金支付。

9) 取得经营业务收入 278 580 元，收到款项 271 000 元存入银行，其余款项尚未收到。

10) 以存款支付广告宣传费 5000 元，支付交际应酬费 1200 元。

11) 以存款支付利息费用 2300 元（原未预提）。

12) 按本月营业收入额 278 580 元的 5%计提本月应交的营业税。

13) 分别按本月营业税额 13 929 元的 7%和 3%计提应交城建税和教育费附加。

第5章 费用、税金和利润的核算

【学习目标】

1. 了解商品流通费的核算范围，理解购进商品所支付的运输费用中允许抵扣增值税进项税额的计算和核算；
2. 理解销售费用、管理费用和财务费用的核算内容，掌握销售费用、管理费用和财务费用账户的设置和运用；
3. 理解商业企业销售税金的内容和核算方法，了解增值税一般纳税人和小规模纳税人的区别及发生增值税的核算；
4. 掌握商业企业利润形成和利润分配的核算。

 案例导入

2011年1月末，长沙含光商业公司会计部门进行利润结算，几个在此实习的中职会计专业学生在讨论有关费用、税金和利润计算的问题。

陈同学说："商业企业购进商品所支付的运输费用只能计入所采购商品的成本。"

王同学说："购进商品所支付的运输费用可在发生时直接计入当期损益（销售费用）。"

李同学说："'管理费用'可按费用项目进行明细核算，期末余额转入'本年利润'账户"。

赵同学说："'营业税金及附加'在商业零售企业核算增值税、消费税和营业税。"

张同学说："利润是指商业企业在一定会计期间的经营成果，利润包括收入减去费用后的净额、直接计入当期利润的利得和损失。"

龙同学说："商业企业的营业收入包括主营业务收入和其他业务收入，营业成本包括主营业务成本和其他业务成本。"

高同学说："企业一般应按月计算利润，企业本年度实现的净利润或发生的净亏损，是通过设置'本年利润'账户进行核算的。"

请问以上说法哪些是正确的，为什么？通过本章的学习，你将能找到答案！

 ## 5.1 商品流通费的核算

5.1.1 商品流通费的核算范围

商品流通企业的费用通常称为商品流通费，是指企业在组织商品购销存等日常活动中发生的经济利益的流出。商品流通费核算范围主要包括：

1）组织商品流通过程中发生的职工薪酬费用，包括工资、奖金、津贴、补贴、职工福利费、社会保险费、住房公积金、工会经费、职工教育经费、非货币福利等。

2）支付给为企业经营活动提供劳务或服务的其他单位和个人的费用，如购销商品过程中发生的运输费、装卸费、保险费、包装费、广告费、展览费等。

3）商品在运输、保管、销售过程中发生的损耗价值，如商品损耗（正常损耗、自然损耗）。

4）在经营过程中的各种资产消耗或摊销价值以及资产减值损失，如固定资产折旧费、包装物折损费、低值易耗品摊销、无形资产摊销、坏账损失、存货跌价损失等。

5）支付给银行和其他金融机构的借款利息、手续费。

6）经营过程中所发生的各项管理费用，如业务招待费、技术开发费、保管费、水电费、咨询费、诉讼费、差旅费等。

7）列入费用的其他税金，如交纳的房产税、车船使用税、土地使用税、印花税等。

商品流通企业所发生的商品流通费用，可分为销售费用、管理费用和财务费用三类。

5.1.2　商品流通费的核算方法

1. 销售费用的核算

销售费用是指企业在销售商品、提供劳务的过程中发生的各种费用，主要包括以下项目：

1）运输费：企业在购销商品过程中，使用各种运输工具所支付的运费以及同运输有关的各种杂费等。

2）装卸费：商品在车站、码头、仓库、货场运输过程中发生的支付给装卸单位的费用。

3）整理费：专门用于挑选整理商品所发生的费用，如商品的分类、分等和其他整理工作所雇佣的临时工工资，材料、工具消耗费用等。

4）包装费：指包装用品费，包装物折损与修理费，如包装物挑选、整理、洗刷、修补费等。

5）保险费：企业向保险公司投保商品等财产而支付的保险费用。

6）展览费：为开展促销活动或宣传商品等举办商品展览、展销会所支出的各项费用。

7）检验费：企业按规定支付给商品检验局检验商品所收取的检验费、鉴定费、商品化验费和进出口商品的签证费。

8）劳务手续费：企业委托其他单位代购、代销商品所支付的费用。

9）广告费：企业为向社会宣传商品而设置的宣传栏、橱窗、板报、印刷宣传资料和购置适量宣传品，在报刊、电台、电视台刊登，广播业务广告等所支付的费用。

10）销售人员的工资薪酬费用：企业支付给直接从事商品销售业务人员的工资及社会保险费等。

11）其他费用：商品销售过程中发生的除上列费用外的各种费用，如销售机构的业务费、折旧费、修理费、水电费、差旅费等。

企业发生的销售费用在"销售费用"账户核算，该账户为损益类账户，核算企业在销售过程中所发生的各种费用，包括运输费、装卸费、整理费、包装费、保险费、差旅费、展览费、劳务手续费、检验费、广告费、销售人员工资薪酬费用等经营费用。发生这些费用时，借记"销售费用"账户，贷记"库存现金"、"银行存款"等账户。"销售费用"按费用项目进行明细核算，期末余额转入"本年利润"账户，结转后本账户无余额。

根据《企业会计准则（存货）》规定，商品流通企业在采购商品过程中发生的运输费、装卸费、保险费、以及其他可归属于商品存货采购成本的费用（如在商品采购过程中发生的仓储费、包装费、运输途中的合理损耗和入库前的挑选整理）等进货费用，应当计入所采购商品的成本。在实务中，企业也可以将这些进货费用先进行归集，期末根据所购商品的存销情况进行分摊，对于已售商品的进货费用计入当期损益（主营业务成本），对于未售商品的进货费用计入期末商品存货成本。商品流通企业采购商品的进货费用金额较小的，可以在发生时直接计入当期损益（销售费用）。根据《增值税暂行条例》规定，企业购进或者销售货物过程中支付的运输费用，按照运输费用结算单据上注明的运输费用金额和7%的扣除率计算进项税额（进项税额＝运输费用金额×扣除率），准予从销项税额中抵扣。此处的"运输费用金额"包括公路、内河、铁路、民航、海运等的运费、建设基金，不包括装卸费、保险费等其他杂费。

【例5-1】 长青零售商店（一般纳税人，工商银行上城支行账号0819）2010年6月20日，从外地资阳市B工厂购进一批商品，商品进价58 000元，售价76 560元。商品运费单据（见表5-1）上注明的运输费用金额1850元，运费以支票（见表5-2）结算，商品由百货柜验收（货款结算略，购进商品的会计处理略）。

表5-1 货物运输业统一发票

2010年6月20日

收货人及纳税人识别号	长青零售商店 05689	承运人及纳税人识别号	资阳市顺畅运输公司 03426
发货人及纳税人识别号	资阳市B工厂 003489	主管税务机关及代码	资阳市地税局 008
货物名称	××商品	重量及单位运价	600×3＝1800.00
其他项目金额	保险费50元	起运地——到达地	资阳市——大明市
运输费用金额（大写）	壹仟捌佰伍拾元整		¥1850.00

表5-2 转账支票（要求填写支票，支付运输费用1850元）

中国建设银行支票存根 AB 4321289	本支票付款期限十天	中国建设银行 转账支票 AB 4321289
附加信息 出票日期： 年 月 日		出票日期（大写） 收款人：
收款人：		人民币（大写）
金 额：		用途：
用 途：		上列款项请从我账户内支付 出票人签章
单位主管 会计		复核 记账

运输费用的进项税额＝1800×7%＝126（元）

注意	保险费不计算进项税额。

1）运输费用计入所采购商品的成本：

计入商品成本的运费＝1800－126＋50＝1724（元）

借：库存商品——进货运费　　　　　　　　　　　　　　　　　1724

　　应交税费——应交增值税（进项税额）　　　　　　　　　　126

　　贷：银行存款　　　　　　　　　　　　　　　　　　　　　1850

2）假定运费计入当期损益，分录如下：

借：销售费用——运费　　　　　　　　　　　　　　　　　　　1724

　　应交税费——应交增值税（进项税额）　　　　　　　　　　126

　　贷：银行存款　　　　　　　　　　　　　　　　　　　　　1850

3）如果当月销售该批商品的 70%，销售收入为 53 592 元。月末根据所购商品的存、销情况进行分摊，已售商品的进货费用＝1724×70%＝1206.80 元。结转分录如下：

借：主营业务成本——百货柜　　　　　　　　　　　　　　　1206.80

　　贷：库存商品——进货运费　　　　　　　　　　　　　　1206.80

月末，"库存商品——进货运费"的余额为 517.20 元（1724－1206.80＝517.20），表示未售商品的进货费用，计入月末商品存货成本。

【练一练】　某商业企业（一般纳税人）以现金支付商品运费 900 元（可按 7% 的扣除率计算进项税额），要求分别按运费计入采购商品成本和直接计入当期损益作分录。

【例 5-2】　长青零售商店支付广告费，取得发票（见表 5-3），开出支票（略）付款。

表 5-3　服务业、娱乐业税控专用发票（发票联）

客户名称：长青商店　　　　　　时间：2010 年 6 月 24 日　　发票号码：20618123

纳税人识别号	430102738997886	水印号	1734　7514　2637
机器注册号	002500013774	机打发票号	20618563
项 目 名 称	数量/单位	单价	金额
广告费	3	800.00	2400.00
合计金额（大写）	贰仟肆佰元整	￥2400.00	
备　　注	本发票手写无效。	本联：收执方付款凭证	

开票单位：金京广告公司　　　　　　开票人：陈规　　　　收款人：高朋

支付广告费的分录如下：

借：销售费用——广告费　　　　　　　　　　　　　　　　　2400.00

　　贷：银行存款　　　　　　　　　　　　　　　　　　　　2400.00

2. 管理费用的核算

管理费用是指商品流通企业为组织和管理企业生产经营活动所发生的各项费用。主要包括以下项目：

1）行政管理部门人员的工资薪金支出：包括管理部门人员基本工资、奖金、津贴、补贴、加班工资、年终加薪、职工福利费、非货币福利等。

2）社会保险费和住房公积金：企业按照规定的范围和标准为职工缴纳的医疗保险费、养老保险费、失业保险费、工伤保险费、生育保险费和住房公积金。

3）业务招待费：企业为促进商品流通、扩大经营的合理需要而支付的有关业务交际费用。

4）董事会费：企业最高权利机构及其成员为履行职能而发生的各项费用，包括董事会成员津贴、差旅费、会议费等。

5）工会经费和职工教育经费：企业按全部职工工资总额一定比例（2%）计提并拨交工会使用的经费和按全部职工工资总额一定比例（2.5%）计提的职工教育经费。

6）租赁费：企业租赁办公用房、经营用房、仓库、场地、低值易耗品等的租赁费用。

7）咨询费：企业向有关咨询机构进行科学技术、经营管理等咨询时所支付的费用。其具体包括：聘请经济技术顾问、律师以及为取得咨询服务等支付的费用。

8）技术转让费：企业支付以技术转让为前提的技术咨询、技术服务和技术培训过程中发生的有关开支。

9）折旧费：企业按照固定资产的价值和规定的折旧办法计算提取的折旧额。

10）无形资产摊销：企业按照规定的期限和方法计算摊销的无形资产价值。

11）低值易耗品摊销：企业按规定的摊销办法计算摊销的低值易耗品费用。

12）长期待摊费用摊销：企业按规定期限摊销的长期待摊费用。

13）修理费：企业为修理固定资产和低值易耗品等财产时所支出的费用。

14）诉讼费：企业因经济纠纷起诉或应诉而发生的各项费用。

15）房产税、土地使用税、车船使用税、印花税：企业按国家规定交纳的房产税、土地使用税、车船使用税、印花税。

16）审计费：企业聘请中国注册会计师进行查账验资，以及进行资产评估等发生的各项费用。

17）差旅费：企业管理人员出差发生的住宿费、交通费、伙食补助等费用。

18）保管费：商品在储存过程中所发生的保管费用，包括倒库、晾晒、冷藏、保暖、消防、护仓、照明、保管用品等费用。

19）商品损耗：商品的盘亏损失（包括定额损耗或合理损耗或自然损耗，不包括应计入营业外支出的损失）。盘盈的商品属于自然溢余的，经批准后冲减当期管理费用；商品损耗与商品直接相关的，应记入"销售费用"科目。

20）筹建期间开办费：企业在筹建期间内发生的人员工资、办公费、培训费、印刷费和注册登记费等。

企业发生的管理费用在"管理费用"账户核算，该账户为损益类账户，核算为组织和管理企业商品经营活动所发生的各项管理费用，包括企业行政管理部门在经营管理中发生的或者应由企业统一负担的公司经费、工会经费、职工教育经费、董事会费、聘请中介机构费、咨询费、诉讼费、业务招待费、房产税、土地使用税、车船使用税、印花税、技术转让费、研究费用、审计费、诉讼费、水电费、排污费、租赁费、行政管理部门计提的固定资产折旧费、固定资产修理费及后续支出等。企业发生这些费用时，借记"管理费用"账户，贷记"库存现金"、"银行存款"等账户。"管理费用"可按费用项目进行明细核算，期末余额转入"本年利润"账户，结转后本账户无余额。

下面主要介绍商业企业职工薪酬的核算。

应付职工薪酬是指企业根据有关规定应付给职工的各种薪酬，包括职工工资、奖金、津贴、补贴、职工福利费、社会保险费、住房公积金、工会经费、职工教育经费等。企业应当通过"应付职工薪酬"科目，核算应付职工薪酬的提取、结算等情况。

企业分配或提取职工薪酬时，对于企业行政管理部门人员的职工薪酬，记入"管理费用"科目借方，销售人员的职工薪酬记入"销售费用"科目借方；同时记入"应付职工薪酬——工资"科目贷方。企业按照有关规定向职工支付工资、奖金、津贴等，借记"应付职工薪酬——工资"科目，贷记"银行存款"、"库存现金"等科目。

【例 5-3】 企业分配本月职工工资总额 76 000 元。"应付职工薪酬分配表"（见表 5-4），并通过银行存款（银行卡）直接支付。

表 5-4　职工薪酬分配表

2010 年 4 月 30 日　　　　　　　　　　　　　　单位：元

项　　目	基本工资	津贴补贴	奖　　金	工资总额	备　注
经营人员工资	48 000	2600	6400	57 000	经营人员包括营业员、销售、采购、保管人员
管理人员工资	9 000	1600	2400	13 000	
合　　计	57 000.00	4200.00	8800.00	70 000.00	

会计主管：高珍　　　　　　　审核：刘海　　　　　　制单：杨柳

分配确认本月应付职工工资时，会计分录如下：

借：销售费用——工资　　　　　　　　　　　　　　　　57 000
　　管理费用——工资　　　　　　　　　　　　　　　　13 000
　　贷：应付职工薪酬——工资　　　　　　　　　　　　　70 000

通过银行实际向职工支付工资时：

借：应付职工薪酬——工资　　　　　　　　　　　　　　70 000
　　贷：银行存款　　　　　　　　　　　　　　　　　　70 000

注意　　企业如果以现金支付工资，则贷记"库存现金"账户。

【例 5-4】 企业计提社会保险费（见表 5-5）。

表 5-5　职工养老、医疗保险费计算表

2010 年 4 月 30 日　　　　　　　　　　　　　　　　单位：元

项　　目	工资总额	基本养老保险费（计提比例 12%）	医疗保险费（计提比例 6%）	备　注
经营人员	57 000	6840	3420	
管理人员	13 000	1560	780	
合　　计	70 000.00	8400.00	4200.00	

会计主管：**高珍**　　　　　　　审核：**刘海**　　　　　　制单：**杨柳**

根据计算结果，作计提社会保险费的分录如下：

借：销售费用——社会保险费　　　　　　　　　　　　　　　　　　10 260

　　管理费用——社会保险费　　　　　　　　　　　　　　　　　　　2340

　　贷：应付职工薪酬——社会保险费　　　　　　　　　　　　　　12 600

【练一练】　某商业企业本月应付经营人员工资 68 300 元，管理人员工资 26 300 元，并按工资总额的 12% 计提基本养老保险费。要求作分配工资、以现金发放工资和计提基本养老保险费的分录。

注意	商品流通企业管理费用不多的，可不设置"管理费用"科目，管理费用的核算内容可并入"销售费用"科目核算。此外，商品流通企业计提各项资产减值准备所形成的损失，如计提的坏账准备、存货跌价准备、固定资产减值准备等，在"资产减值损失"科目核算。

【练一练】　某商业企业取得下列原始凭证（见表 5-6～表 5-8），要求分别作以现金支付相关费用的分录。

表 5-6　服务业、娱乐业税控专用发票（发票联）

客户名称：　　　　　　　时间：2010 年 4 月 26 日　　　　　发票号码：20618582

纳税人识别号	430102738997994	水印号	373475148637
机器注册号	002500013798	机打发票号	20618582
项目名称	数量 / 单位	单　价	金　额
会务费	2 人	300.00	600.00
合计金额（大写）	陆佰元整	¥600.00	
备　注	本发票手写无效。　（现金付讫）	本联：收执方付款凭证	

开票单位：今朝大酒店　　　　　　开票人：　　　　　　收款人：

表 5-7　银行业务收费凭证

2010 年 4 月 27 日　　　　　　　　　　　　　　　　单位：元

户　　名	商业企业	付款账号	
费用项目	金　额	币种（人民币）	备　注
工本费	15.00		（现金付讫）
手续费	50.00		
收费类型	购买凭证		
合计金额	¥65.00	大写（人民币）陆拾伍元整	

表 5-8　差旅费报销单

部门：管理部　　　　　　　　填报日期：2010 年 4 月 28 日

附：车票、住宿费发票、其他费用单据（略）　　　　　　　　　　　单位：元

姓　名	王庆军	出差事由	参加业务洽谈会	出差日期	4 月 24 日（共 5 天）
起讫时间	地点	车船费金额	出差补贴	住宿费	其他费用
4 月 24 日	长沙—南昌	170	5×30＝150	4×150＝600	910
4 月 28 日	南昌—长沙	170			
合　计		340	150	600	910
总计金额　贰仟元整　　　￥2000.00			注：原未预借，以现金付讫。		

3. 财务费用的核算

财务费用是指企业为筹集生产经营所需资金等而发生的筹资费用，包括企业经营期间发生的利息支出（减利息收入）、汇兑损益以及支付给金融机构的手续费、企业发生的现金折扣或收到的现金折扣等。有关项目具体内容如下：

1）利息净支出：是指企业利息支出减利息收入后的差额。

2）加息：是指企业逾期归还银行贷款时，银行在国家规定的正常贷款利率的基础上加收的利息。

3）支付给金融机构的手续费：是指企业通过银行或其他金融机构办理款项结算或委托代理发行债券等，按国家规定向银行和其他金融机构支付的有关手续费用。

4）汇兑净损失：是指企业发生的汇兑损失减去汇兑收益后的差额。数额较大时，应单设汇兑损益项目核算。

企业发生的财务费用在"财务费用"账户核算，该账户为损益类账户，核算企业为筹集生产经营所需资金等而发生的利息支出、汇兑损益以及相关的手续费等。企业发生这些费用时，借记"财务费用"账户，贷记"应付利息"、"银行存款"等账户。"财务费用"可按费用项目进行明细核算，期末余额转入"本年利润"账户，结转后本账户无余额。

【例 5-5】　企业通过银行转账支付短期借款利息 780 元（原未预提）和结算手续费 930 元。

借：财务费用　　　　　　　　　　　　　　　　　　　　　　　　　1710
　　贷：银行存款　　　　　　　　　　　　　　　　　　　　　　　　1710

【练一练】　企业计提本月应付短期借款的利息 1280 元。要求作计提和实际支付时的分录。

5.2　税金的核算

商品流通企业的营业税金及附加，主要是指零售环节销售金银首饰的消费税，城市维

护建设税和教育费附加等。应通过设置"应交税费"和"营业税金及附加"账户进行核算。

5.2.1 零售金银首饰消费税的核算

消费税暂行条例及实施细则规定，金银首饰（含金银首饰、铂金首饰和钻石及钻石饰品）的消费税于零售环节缴纳。其实行从价定率办法计算应纳税额（消费税＝销售额×税率），即零售企业应按销售金银首饰的收入和适用税率（5%）计算应交消费税。计算消费税的销售额应为不含增值税的销售额，而零售企业的销售额为含税销售额，所以在计算消费税时，应将含增值税的销售额换算为不含税销售额。企业应在"应交税费"账户下设置"应交消费税"明细账户，核算销售金银首饰应交纳的消费税。商品流通企业销售金银首饰的收入应记入"主营业务收入"账户，其应交的消费税应记入"营业税金及附加"账户。

"营业税金及附加"是损益类账户，核算企业经营活动发生的消费税、营业税、城建税、资源税和教育费附加等相关税费。发生这些税费时，借记"营业税金及附加"账户，贷记"应交税费"账户。"营业税金及附加"可按税费项目进行明细核算，期末余额转入"本年利润"账户，结转后本账户无余额。

【例5-6】 某零售企业本月销售金银首饰取得含税销售额 585 000 元，增值税率 17%，金银首饰的消费税率为 5%，计提本月应交纳的消费税。

应纳消费税的销售额＝585 000÷（1＋17%）＝500 000（元）

应交消费税额＝500 000×5%＝25 000（元）

借：营业税金及附加　　　　　　　　　　　　　　　　　　　　　　　25 000

　　贷：应交税费——应交消费税　　　　　　　　　　　　　　　　　　　25 000

注意	有金银首饰批发、零售业务的企业将金银首饰用于馈赠、赞助、广告、职工福利、奖励等方面的，应于货物移送时，按企业销售同类金银首饰的销售价格计算应交消费税。如用于馈赠、赞助方面的金银首饰应交纳的消费税，应记入"营业外支出"账户，用于广告方面的金银首饰应交纳的消费税，记入"销售费用"账户，用于职工福利、奖励方面的金银首饰应交纳的消费税，应计入"应付职工薪酬"账户。

企业进口需要交纳消费税的商品（如烟、酒、化妆品等），于报关进口时交纳消费税。其交纳的消费税应记入该项商品物资成本，借记"在途物资"、"库存商品"等账户，贷记"银行存款"账户。

【练一练】 某零售企业本月销售金银首饰取得含税销售额 468 000 元，增值税率 17%，金银首饰的消费税率为 5%，作计提本月零售金银首饰应交消费税的分录。

5.2.2 城市维护建设税和教育费附加的核算

城市维护建设税是对缴纳增值税，消费税、营业税的单位和个人，按其实际应缴纳上述三种税的税额计算交纳的专门用于城市维护建设的一种税。城建税分别与增值税、

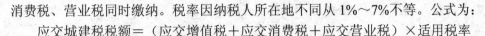

消费税、营业税同时缴纳。税率因纳税人所在地不同从 1%～7% 不等。公式为：

应交城建税税额＝（应交增值税＋应交消费税＋应交营业税）×适用税率

教育费附加是对缴纳增值税、消费税、营业税的单位和个人、按其实际应缴纳的上述三种税的税额计算交纳的专门用于发展教育事业的款项。教育费附加分别与增值税、消费税、营业税同时交纳，附加率 3%。

企业计算出应交纳的城建税和教育费附加时，借记"营业税金及附加"账户，贷记"应交税费"账户；实际交纳时，借记"应交税费"账户，贷记"银行存款"账户。

【例 5-7】 某企业本期应交纳的增值税 50 000 元，消费税 24 100 元，营业税 1600 元，该企业适用的城建税税率 7%，计提本期应交的城建税。

本期应交纳的城建税＝（50 000＋24 100＋1600）×7%＝5299（元）

借：营业税金及附加   5299

    贷：应交税费——应交城建税   5299

【例 5-8】 某零售企业本期应交增值税 46 000 元，销售金银首饰的消费税 4800 元（假定不交营业税），要求按 3% 的比例计提本期应交教育费附加。

应交教育费附加＝（46 000＋4800）×3%＝1524（元）

借：营业税金及附加   1524

    贷：应交税费——应交教育费附加   1524

【练一练】 某零售企业按城建税和教育费附加计算表（见表 5-9），计提本月应交城建税和应交教育费附加（先计算填表）。

表 5-9 城建税和教育费附加计提表

2010 年 4 月 30 日

项目	计税金额/元	税率	金额/元	说明
城建税	98 500	7%		
教育费附加	98 500	3%		计税金额（基数）为本月应交纳的增值税税额
合　计				

会计主管：*龙潭*   审核：*吴群*   制单：*张灯*

 ## 5.3 利润的核算

5.3.1 利润形成的核算

利润是指企业在一定会计期间的经营成果，利润包括收入减去费用后的净额、直接计入当期利润的利得和损失等。

利润总额＝营业利润＋营业外收入－营业外支出

营业利润＝营业收入－营业成本－营业税金及附加－销售费用－管理费用
　　　　　－财务费用－资产减值损失＋公允价值变动收益＋投资收益

其中营业收入包括主营业务收入和其他业务收入，营业成本包括主营业务成本和其他业务成本。

企业一般应按月计算利润，企业本年度实现的净利润或发生的净亏损，是通过设置"本年利润"账户进行核算的。"本年利润"账户属于所有者权益类账户，核算企业当期实现的净利润（或发生的净亏损）。会计期（月）末，企业应将损益类账户中各收入账户的余额转入"本年利润"账户贷方；借方记有关收入类账户，贷记"本年利润"账户；应将损益类账户中各费用支出账户的余额转入"本年利润"账户的借方，借记"本年利润"账户，贷记"有关费用支出类"账户。将各损益账户结转"本年利润"账户，可以采用账结法，按月结转，也可以采用表结法，按年结转，转账后各损益类账户均无余额。"本年利润"账户贷方余额，反映本年度自年初开始累计实现的净利润，如为借方余额则反映本年度自年初开始累计发生的净亏损。年度终了，企业应将"本年利润"账户余额转入"利润分配——未分配利润"账户，转账后"本年利润"账户应无余额。

【练一练】 某商业企业 2010 年度有关损益类科目本年累计发生额，见表 5-10。

表 5-10 损益类科目本年累计发生额 单位：元

科目名称	借方发生额	科目名称	贷方发生额
主营业务成本	825 000	主营业务收入	1 375 000
其他业务成本	9 000	其他业务收入	11 000
营业税金及附加	3 200	公允价值变动损益	12 100
销售费用	79 000	投资收益	22 550
管理费用	116 810	营业外收入	55 000
财务费用	45 650		
资产减值损失	33 990		
营业外支出	21 670		
所得税费用	85 332		

要求：计算本年营业收入、营业成本、营业利润、利润总额和净利润。

主营业务收入和主营业务成本的核算，已分别在第 2 章批发商品流转核算和第 3 章零售商品流转核算中讲述，本节只介绍其他业务收支的核算和营业外收支的核算。

1. 其他业务收支的核算

商品流通企业的其他业务收支主要指企业除主营业务收支以外的其他业务收支，如代购代销、包装物出租和出售、固定资产出租以及对外提供运输劳务等业务所取得的收入和发生的相关成本费用。

企业发生的其他业务收支，分别在"其他业务收入"和"其他业务成本"账户核算。"其他业务收入"核算企业确认的除主营业务活动以外的其他经营活动实现的收入；"其他业务成本"账户的核算内容包括企业其他经营活动所发生的支出等。

企业发生其他业务收入时，按收到或应收的款项，借记"银行存款"或"应收账款"账户，按实现的其他业务收入，贷记"其他业务收入"账户，按专用发票上注明的增值税，贷记"应交税费——应交增值税"账户。企业发生的其他业务支出（包括销售材料的成本，出租固定资产的折旧，出租包装物的成本摊销等），借记"其他业务成本"账户，贷记"银行存款"、"周转材料"、"累计折旧"、"应付职工薪酬"等账户。期末应将本期发生的"其他业务收入"和"其他业务成本"账户，分别转入"本年利润"账户。

【例 5-9】　某企业采取收取手续费方式代销商品，确认代销手续费收入 1200 元，从应付委托单位的货款中扣减。

　　借：应付账款——委托单位　　　　　　　　　　　　　　　　　　　1200
　　　　贷：其他业务收入　　　　　　　　　　　　　　　　　　　　　　　1200

2. 营业外收支的核算

营业外收入和营业外支出应当分别核算，按照具体收入和支出设置明细项目。营业外收入是指企业发生的与生产经营活动无直接关系的各项收入，包括固定资产处置（出售、报废）净收益、罚款净收入、政府补助、损赠利得、债务重组利得、处置无形资产净收益等。

企业取得的各项营业外收入，在"营业外收入"账户核算，取得各项营业外收入时，可以借记"待处理财产损益"、"固定资产清理"、"银行存款"等账户，贷记"营业外收入"账户。期末将"营业外收入"账户余额转入"本年利润"账户时，借记"营业外收入"账户，贷记"本年利润"账户。

【例 5-10】　某企业按规定结转出售固定资产的净收益 36 100 元。

　　借：固定资产清理　　　　　　　　　　　　　　　　　　　　　　36 100
　　　　贷：营业外收入——处置固定资产净收益　　　　　　　　　　　　　36 100

营业外支出是指企业发生的与本企业生产经营无直接关系的各项支出，包括固定资产盘亏、处置固定资产净损失、非常损失、各种滞纳金、罚款支出、违约金支出、公益性捐赠支出、处置无形资产净损失、债务重组损失等。

企业发生的各项营业外支出，在"营业外支出"账户核算，发生各项营业外支出时，借记"营业外支出"账户，可以贷记"待处理财产损溢"、"固定资产清理"、"银行存款"等账户。期末将"营业外支出"账户的余额转入"本年利润"账户，借记"本年利润"账户，贷记"营业外支出"账户。

【例 5-11】　某企业月初发生的库存商品自然灾害损失 43 200 元，经批准转作营业外支出。

　　借：营业外支出——非常损失　　　　　　　　　　　　　　　　　43 200
　　　　贷：待处理财产损溢　　　　　　　　　　　　　　　　　　　　　43 200

【练一练】　某零售企业取得损赠利得 8000 元存入银行，以存款支付违法经营的罚款 6700 元，要求分别作出分录。

3. 月末各损益类账户结转本年利润

会计期（月）末，企业应将损益类账户中各收入账户的余额转入"本年利润"账户贷方，应将损益类账户中各费用支出账户的余额转入"本年利润"账户的借方。通过"本年利润"账户核算企业当期实现的净利润或发生的净亏损。

【例5-12】 某商业企业各损益账户5月31日余额如表5-11所示(该企业按月结转损益类账户):

表5-11 某企业损益类科目发生额 单位:元

账户名称	借方余额/元	账户名称	贷方余额/元
主营业务成本	550 000	主营业务收入	990 000
营业税金及附加	49 500	其他业务收入	10 300
销售费用	23 000	投资收益	16 500
管理费用	93 500	营业外收入	38 500
财务费用	21 000		
其他业务成本	8 140		
营业外支出	19 800		
所得税费用	65 818		

根据上述资料,企业应作如下会计处理:

1)结转各项收入。

借:主营业务收入	990 000
其他业务收入	10 300
投资收益	16 500
营业外收入	38 500
贷:本年利润	1 055 300

如果"投资收益"账户为借方余额,则表示投资净损失,结转时,应借记"本年利润"账户,贷记"投资收益"账户。

2)结转主营业务成本,主营业务税金和费用支出。

借:本年利润	837 530
贷:主营业务成本	550 000
营业税金及附加	49 500
销售费用	23 000
管理费用	93 500
财务费用	21 000
其他业务成本	8140
营业外支出	19 800
所得税费用	72 590

以上各损益类账户结转后,各损益类账户均无余额。"本年利润"账户如为贷方余额表示当年实现的净利润(本例为1~5月累计数),如为借方余额表示当年1~5月发生的净亏损。

3)年末计算并结转本年实现的净利润。

借:本年利润
　　贷:利润分配——未分配利润

企业的净利润是指利润总额减去所得税后的金额。本期净利润可根据"本年利润"账户本期贷方发生额减去本期借方发生额的差额计算确定，也可以用"本年利润"账户本期末余额减去上期末余额的差额计算确定。如果"本年利润"账户为借方余额，则表示亏损净额，年终结转净亏损时，应借记"利润分配——未分配利润"账户，贷记"本年利润"账户。经过上述结转后，"本年利润"账户无余额，但"利润分配"账户有余额。

【练一练】

1）某商业企业本月主营业务收入 957 000 元，主营业务成本 643 000 元，销售费用 73 580 元，要求结转"本年利润"账户。

2）某企业 2010 年年度结账前，各损益类账户 12 月末余额如下：主营业务收入 550 000 元，主营业务成本 220 000 元，营业税金及附加 110 000 元，销售费用 120 000 元，管理费用 27 500 元，财务费用 16 500 元，其他业务收入 44 000 元，其他业务成本 25 000 元，投资收益 22 000 元（贷方），营业外收入 11 000 元，营业外支出 15 000 元。若企业所得税率为 25%，没有纳税调整因素。要求计算企业的营业利润、利润总额、应交所得税、净利润并作相关的会计分录。

5.3.2　利润分配的核算

利润分配是企业根据国家有关规定和投资者的决议，对企业当年可供分配的利润所进行的分配。企业本年实现的净利润加上年初未分配利润（或减去年初未弥补亏损）加上其他转入后的余额，为可供分配利润。而净利润是企业利润总额减去所得税费用后的金额。

1. 所得税的核算

（1）所得税的计算

所得税是以企业的应纳税所得额为征税对象所征收的一种税。应纳税所得额是在企业税前会计利润（利润总额）的基础上经过调整确定的，企业的会计利润与纳税所得的金额可能一致，也可能不一致，关键是看是否存在纳税调整因素。

应纳所得税额＝应纳税所得额×所得税率

应纳税所得额＝会计利润＋纳税调整增加额－纳税调整减少额

纳税调整增加额主要包括税法规定允许扣除项目中企业已记入当期费用抵减当期利润，但超过税法规定扣除标准的金额（如超过税法规定标准的广告费、业务招待费支出等）以及税法规定不允许扣除项目的金额（如税收滞纳金、罚款支出、罚金支出等）。纳税调整减少额主要包括按税法规定允许弥补的亏损和准予免税的项目，如前五年内的未弥补亏损和国债利息收入等。

（2）所得税会计处理

核算"所得税费用"账户时，企业确认的应从当期利润总额中扣除的所得税费用。企业计提应交所得税时，借记"所得税费用"账户，贷记"应交税费——应交所得税"账户；实际上交所得税时，借记"应交税费——应交所得税"账户，贷记"银行存款"账户。期末应将"所得税费用"账户转入"本年利润"账户，结转后"所得税费用"账户应无余额。

【例 5-13】　某企业 2010 年度实现的税前会计利润为 210 000 元，其应纳税所得额等于税前会计利润，所得税率为 25%，其会计处理如下：

1）计算应交所得税。

应交所得税额＝210 000×25%＝52 500（元）

借：所得税费用   52 500

  贷：应交税费——应交所得税   52 500

2）实际上交所得税。

借：应交税费——应交所得税   52 500

  贷：银行存款   52 500

3）年末，将"所得税费用"账户余额转入"本年利润"账户。

借：本年利润   52 500

  贷：所得税费用   52 500

【练一练】 某商业企业 2010 年全年实发工资为 220 000 元，当年按会计核算原则计算的税前会计利润为 1 980 000 元，其中包括本年收到的国库券利息收入 2000 元，所得税率为 25%，假定本企业全年无其他纳税调整因素，要求作出有关所得税的会计处理。

2. 利润分配的核算

（1）利润分配的程序

企业对实现的净利润进行分配时，首先应提取法定盈余公积，其次是提取任意盈余公积，最后才是向投资者分配利润。企业利润分配的内容和程序具体规定如下：

1）提取法定盈余公积。法定盈余公积是企业按照本年实现净利润的一定比例提取，公司制企业（包括国有独资公司、有限责任公司和股份有限公司，下同）根据公司法规定按净利润的 10%提取；其他企业可以根据需要确定提取比例，但至少应按 10%提取。企业提取的法定盈余公积累计额已达注册资本的 50%时，可以不再提取。

2）提取任意盈余公积。公司制企业提取法定盈余公积后，经过股东大会决议，可以提取任意盈余公积；其他企业也可以根据需要提取任意盈余公积，任意盈余公积的提取比例由企业视情况而定。法定盈余公积和任意盈余公积的区别在于其各自计提的依据不同，前者以国家法律或法令为依据提取，后者则由企业自行决定提取。

3）分配给投资者。企业可供分配的利润减去提取法定盈余公积后，为可供投资者分配的利润，可以按规定分配给投资者。企业的可供分配利润减去提取的各种盈余公积和向投资者分配利润后的余额即为未分配利润。未分配利润是企业留待以后年度进行分配的结存利润，是企业所有者权益的组成部分。

注意	企业如果发生亏损，可以用以后年度实现的利润进行弥补，也可以用以前年度提取的盈余公积弥补。企业以前年度亏损未弥补完，不能提取法定盈余公积。在提取法定盈余公积前，不得向投资者分配利润。

（2）利润分配核算账户的设置

为了反映利润分配的过程和结果，企业应设置"利润分配"账户。"利润分配"账户属于所有者权益类账户，核算企业利润分配和历年分配后的余额。亏损企业亏损的弥补及未弥补的亏损也在"利润分配"账户核算。"利润分配"账户设置的明细账户有：

1）"提取法定盈余公积"明细账户，核算企业按规定从净利润中提取的法定盈余公积。

2）"提取任意盈余公积"明细账户，核算企业按规定从净利润中提取任意盈余公积。

3）"应付现金股利或利润"明细账户，核算企业按规定应分配给投资者的现金股利或利润。

4）"未分配利润"明细账户，核算企业全年实现的净利润（或净亏损），利润分配和尚未分配利润（或尚未弥补的亏损）。

（3）利润分配的账务处理

1）提取盈余公积。企业按规定从净利润中提取法定盈余公积、任意盈余公积时，借记"利润分配——提取法定盈余公积"等账户，贷记"盈余公积"账户。企业提取的法定盈余公积可用于弥补亏损和转增资本。

【例 5-14】 某企业本年实现净利润 220 000 元，本年提取法定盈余公积 22 000 元，提取任意盈余公积 1100 元。会计分录如下：

借：利润分配——提取法定盈余公积   22 000
        ——提取任意盈余公积   11 000
  贷：盈余公积   33 000

2）盈余公积补亏。企业用盈余公积弥补亏损，应按当期弥补亏损的数额，借记"盈余公积"账户，贷记"利润分配——其他转入"账户。

3）应付现金股利或利润是指企业应付给股东或投资者的现金股利或利润。确认应付投资者利润时，借记"利润分配——应付股利"账户，贷记"应付股利"账户；以后向投资者实际支付现金股利或利润时，借记"应付股利"账户，贷记"银行存款"账户。

【例 5-15】 某企业本年实现净利润 220 000 元，本年应付普通股现金股利 88 000 元，其会计分录如下：

借：利润分配——应付普通股股利   88 000
  贷：应付股利   88 000

（4）年终利润结转

年度终了（12 月 31 日），企业应将全年实现的净利润，自"本年利润"账户转入"利润分配——未分配利润"账户，借记"本年利润"账户，贷记"利润分配——未分配利润"账户；若为净亏损的，则做相反的分录。同时，将"利润分配"账户下所属其他明细账户（即提取盈余公积、应付股利等明细账户）的余额，转入"未分配利润"明细账户。年终结转后，"利润分配"账户中除"未分配利润"明细账户有余额外，其他明细账户无余额。"利润分配——未分配利润"账户的贷方余额，反映企业的未分配利润；如为借方余额则反映企业未弥补亏损。

【例 5-16】 某商业企业本年实现净利润 220 000 元，作结转全年净利润分录如下：

借：本年利润   220 000
  贷：利润分配——未分配利润   220 000

根据【例 3-14】和【例 3-15】的资料，结转全年已分配利润：

借：利润分配——未分配利润　　　　　　　　　　　　　121 000

　　贷：利润分配——提取法定盈余公积　　　　　　　　　22 000

　　　　　　　　——提取任意盈余公积　　　　　　　　　11 000

　　　　　　　　——应付普通股股利　　　　　　　　　　88 000

根据上述会计分录进行会计处理的结果，"利润分配－未分配利润"账户的贷方余额为 99 000 元，表示该企业本年年末的未分配利润，即历年积存的累积未分配利润的数额。

【练一练】　某商业企业年初未分配利润 30 万元，盈余公积 10 万元，本年利润总额 200 万元，所得税率 25%，按 10%提取法定盈余公积，向投资者分配利润 80 万元。

　　要求：① 作计提、结转、交纳所得税的分录；

　　　　　② 计算净利润，作提取法定盈余公积、向投资者分配利润的分录；

　　　　　③ 作将本年利润结转利润分配的分录；

　　　　　④ 计算年末盈余公积、未分配利润并作进行利润分配的分录。

如果企业发生了亏损，如同实现净利润一样，还是从"本年利润"账户转入"利润分配"账户，借记"利润分配——未分配利润"账户、贷记"本年利润"账户。结转后，"利润分配"账户的借方余额即为未弥补亏损。若第二年实现了净利润，用同样的方法自"本年利润"账户转入"利润分配"账户。结转后，自然抵减了上年转来的借方余额，即弥补了亏损。因此，用利润弥补亏损无需作专门补亏的会计分录。

注意	无论是税前利润补亏、还是税后利润补亏，会计处理方法都一样，区别在于企业申报交纳所得税时，前者可作为应纳税所得额的调整数，而后者则不能。

【例 5-17】　某商业企业某年发生亏损 86 400 元，年度终了，结转分录如下：

借：利润分配——未分配利润　　　　　　　　　　　　　86 400

　　贷：本年利润　　　　　　　　　　　　　　　　　　　86 400

如果该企业第二年实现利润总额 65 000 元，年度终了，结转分录如下：

借：本年利润　　　　　　　　　　　　　　　　　　　　65 000

　　贷：利润分配——未分配利润　　　　　　　　　　　　65 000

该企业第二年实现的利润不需要交纳所得税，可全部用于弥补上年亏损。补亏后，"利润分配——未分配利润"账户的借方余额为 21 400 元，表示历年积存的未弥补亏损，可以留待以后年度继续弥补。

练 习 题

一、填空题

1. 商品流通企业所发生的商品流通费用，可分为_____、_____和_____

三类。

2. 商品流通企业在采购商品过程中发生的运输费用，应当计入_____，采购商品的进货费用金额较小的，可以在发生时直接计入_____。

3. 计入"管理费用"科目核算的税金有_____、_____、_____、_____。

4. 以现金直接支付商品运杂费时（计入损益），借记_____科目，贷记_____科目。

5. 企业预提短期借款利息时，借记_____科目，贷记_____科目。

6. 按销售人员工资计提本月养保险金时，借记_____科目，贷记_____科目。

7. 企业支付印花税在_____科目核算，应支付的房产税在_____科目核算。

8. 月末将"销售费用"科目结转本年利润，借记_____科目，贷记_____科目。

9. 企业计提管理人员工会经费时，借记_____科目，贷记_____科目。

10. 6 月 30 日"本年利润"账户的贷方余额表示_____，如为借方余额表示_____。

二、选择题（不定项）

1. 与商品有关的下列费用在"销售费用"科目核算的有（　　　）。
   A. 装卸费　　　　B. 整理费　　　　C. 包装费　　　　D. 保险费

2. 下列费用在"管理费用"科目核算的有（　　　）。
   A. 捐赠支出　　　B. 赔偿金　　　　C. 租赁费　　　　D. 咨询费

3. 下列支出在"营业外支出"科目核算的有（　　　）。
   A. 劳动保险费　　B. 诉讼费　　　　C. 违约金　　　　D. 商品保险费

4. 下列费用不在"销售费用"科目核算的有（　　　）。
   A. 商品损耗　　　B. 广告费　　　　C. 滞纳金　　　　D. 技术转让费

5. 商业企业下列费用在"管理费用"账户核算的有（　　　）。
   A. 折旧费　　　　　　　　　　B. 无形资产摊销
   C. 低值易耗品摊销　　　　　　D. 水电费

6. 下列支出在"财务费用"科目核算的有（　　　）。
   A. 利息净支出　　B. 汇兑净损失　　C. 审计费　　　　D. 业务招待费

7. 商业企业分配职工工资时，可以借记的科目有（　　　）。
   A. 生产成本　　　B. 管理费用　　　C. 销售费用　　　D. 营业外支出

8. 下列费用属于商品流通费用的有（　　　）。
   A. 低值易耗品摊销　　　　　　B. 固定资产折旧费
   C. 商品自然损耗　　　　　　　D. 固定资产修理费

9. 下列属于商品流通费开支范围的有（　　　）。
   A. 经营人员工资　　　　　　　B. 商品保管费
   C. 罚款支出　　　　　　　　　D. 固定资产清理费用

10. 下列不属于商品流通费开支范围的有（　　　）。

A．赞助支出   B．对外投资支出

C．差旅费   D．自然灾害造成的财产损失

11．商业企业下列工资支出列入销售费用的有（   ）。

     A．营业员工资   B．保管员工资

     C．采购员工资   D．行管人员工资

12．下列属于商品流通费开支范围的有（   ）。

     A．商品保管费   B．商品包装费

     C．固定资产折旧费   D．支付代销商品手续费

13．商业企业下列费用在"管理费用"科目核算的有（   ）。

     A．工会经费   B．职工教育经费

     C．董事会费   D．聘请中介机构费

14．某商业企业某年度主营业务收入为 4000 万元，主营业务成本为 3000 万元，营业税金及附加为 500 万元，其他业务收入为 20 万元，其他业务成本为 10 万元，财务费用 10 万元，营业外收入为 20 万元，营业外支出为 10 万元，该企业年度的营业利润为（   ）万元。

     A．335   B．500   C．345   D．510

15．某商业企业本月份发生的费用有：支付广告费用 30 万元，预提短期借款利息 20 万元，发生行政管理人员工资 10 万元，则该企业当月的期间费用总额为（   ）万元。

     A．50   B．60   C．100   D．110

16．"所得税费用"账户为（   ）账户。

     A．资产类   B．负债类

     C．所有者权益类   D．损益类

17．企业发生的业务招待费，应计入（   ）。

     A．管理费用   B．销售费用

     C．营业外支出   D．其他业务成本

18．下列各项不影响企业营业利润的有（   ）。

     A．管理费用   B．财务费用

     C．所得税费用   D．主营业务成本

19．"本年利润"账户的年末余额，应结转到（   ）账户。

     A．实收资本   B．盈余公积

     C．利润分配   D．主营业务收入

20．"本年利润"账户的贷方余额表示本年（   ）。

     A．营业利润   B．利润总额

     C．净利润   D．未分配利润

三、计算分录题

1．某商业企业（一般纳税人）以现金支付商品运费 1200 元（可按 7% 的扣除率计算进项税额），要求分别按运费计入采购商品成本和直接计入当期损益作分录。

2. 某商业批发企业从外地购进一批商品，商品进价 58 000 元，增值税 9860 元，商品运费单据上注明的运输费用金额 1300 元（可按 7%计算进项税额），货款及运费以支票结算，商品验收入库。要求作购进商品，支付货款和运费（计入所采购商品的成本）的分录。如果当月销售该批商品的 80%，月末根据所购商品的存、销情况进行分摊运费，作结转已售商品应分摊进货费用的分录。

3. 某商业企业计提本月固定资产折旧费 1800 元，预提本月短期借款利息 750 元，作会计分录。

4. 某商业企业支付并分配本月应付销售人员工资和奖金 21 000 元，同时按 2%计提工会经费。某商业企业以存款向有关部门支付已计提的工会经费 420 元和职工教育经费 315 元，要求作出分录。

5. 某企业本月销售商品应交的城市维护建设税 25 000 元，要求作计提应交城建税，将城建税结转本年利润，实际交纳城建税的分录。如果企业本月应交的所得税 39 100 元，要求作计提应交所得税，将所得税结转本年利润，实际交纳所得税的分录。

6. 某商业企业本月应付经营人员工资 68 300 元，管理人员工资 26 300 元，并按工资总额的 12%计提基本养老保险费。要求作分配工资、以现金发放工资和计提基本养老保险费的分录。

7. 某零售企业本月销售金银首饰取得含税销售额 269 100 元，增值税率 17%，金银首饰的消费税率为 5%，计提本月应交纳的消费税。又假定某零售企业本期应交增值税 51 000 元，销售金银首饰的消费税 4950 元，要求按 3%的比例计提本期应交教育费附加。

8. 甲商业公司 2010 年年初未分配利润为贷方余额为 200 万元，本年实现利润总额为 980 万元，企业所得税率为 25%，本年不存在纳税调整事项。

要求：① 计算甲公司本年所得税费用和净利润；

② 作出按 10%提取法定盈余公积、按 10%提取任意盈余公积、向投资者分配利润 80 万元的分录。

9. 某公司 2010 年年终结账前有关损益类科目的年末余额如下：

收入科目	余额/元	费用科目	余额/元
主营业务收入	950 000	主营业务成本	650 000
其他业务收入	200 000	其他业务成本	150 000
投资收益	15 000	营业税金及附加	34 000
营业外收入	41 500	销售费用	40 000
		管理费用	120 000
		财务费用	25 000
		营业外支出	70 000

要求：① 计算公司当年营业利润、利润总额、应交所得税、净利润；

② 作出结转损益类账户和本年净利润、按本年净利润的 10%提取法定盈余公积、向投资者分配并支付现金股利 20 000 元的分录；

③ 作结转全年净利润的分录。

第6章 财务报表

 案例导入

同学们,很快我们就要步入社会了,复杂多变的社会时刻考验着我们对社会对企业的认知能力。如果你想知道一个企业有多少资产和负债?又有多少收入和费用,多少利润?从哪些会计资料中可以最集中、最完整的取得这些信息呢?答案是企业对外提供的财务会计报表。会计作为国际通用的商业语言,通过财务报表反映企业全面的重要商业信息。思考一下,财务报表是根据什么编制的,表中数据是从哪里来的呢?反映的是企业怎样的财务状况和经营成果呢?那么,今天我们就从学习财务报表开始,通过编制资产负债表和利润表,让我们了解资产、负债、收入、费用、利润之间的内在联系吧!

 ## 6.1 财务报表概述

6.1.1 财务报表的概念和组成

1. 财务报表的概念

财务报表是企业对外提供的反映企业某一特定日期财务状况和某一会计期间经营成果、现金流量等会计信息的文件。财务报表由会计报表及其附注两部分构成,是财务报告的核心内容,是会计核算的最终产品。编制财务报表是会计核算的一种专门方法。商业企业编制会计报表的目标,是向会计报表使用者提供与企业财务状况、经营成果和现金流量等有关的会计信息,反映企业管理层受托责任的履行情况,有助于会计报表使用者作出经济决策。

2. 财务报表的组成

财务报表是财务会计报告的主体,是对企业财务状况、经营成果和现金流量的结构性表述。一套完整的财务报表至少应当包括下列组成部分：①资产负债表；②利润表；③现金流量表；④所有者权益变动表；⑤附注。资产负债表、利润表和现金流量表分别从不同角度反映企业的财务状况、经营成果和现金流量。附注是财务报表不可或缺的组成部分，是对资产负债表、利润表、现金流量表和所有者权益变动表等报表中列示项目的进一步说明，以及对未能在这些报表中列示项目的说明等。

6.1.2 财务报表的编制要求和编制前的准备工作

编制会计报表，是对会计核算工作的全面总结，也是及时提供真实、完整会计资料的重要环节。因此商品流通企业会计要充分发挥会计报表的作用，除了要认真搞好日常会计核算外，还必须按照会计制度的统一规定和要求编制报表，以确保会计报表的质量。

1. 财务报表的编制要求

商品流通企业会计报表的编制，必须符合以下几方面要求：

1）各单位必须按照国家统一的会计制度规定编制月份、季度、年度等会计报表。对外提供的会计报表的编制要求、提供对象和提供期限等应当符合国家有关规定。

2）会计报表应当根据登记完整、核对无误的会计账簿记录和其他有关资料编制，做到数字真实、计算准确、内容完整、说明清楚。

3）会计报表之间、会计报表各项目之间，凡有对应关系的数字，应当相互一致。

4）对外提供的财务会计报表，应当依次编定页码，加具封面，装订成册，加盖公章。封面上应当注明：单位名称，单位地址，财务会计报表所属年度、季度、月度，送出日期。财务会计报表要由单位负责人（包括主管会计工作的负责人）、总会计师、会计机构负责人（会计主管人员）签名并盖章。单位负责人对财务会计报表的真实性、完整性承担法律责任。

5）根据法律、行政法规规定应当对财务会计报表进行审计的，财务会计报表编制单位应当先行委托注册会计师进行审计，并将注册会计师出具的审计报告随同财务会计报表一并对外提供。

2. 会计报表编制前的准备工作

企业在编制会计报表前，首先应当对企业的资产进行全面清查，并认真核实债务，将结果及处理办法向企业的有关部门报告，并根据国家统一的会计制度规定进行相应的会计处理。其次还应做好以下准备工作：

1）核对各会计账簿记录与会计凭证的内容、金额等是否一致，记账方向是否相符。

2）依照有关规定的结账日进行结账，结出有关会计账簿的余额和发生额，并核对各会计账簿之间的余额。

3）检查相关的会计核算是否按照国家统一的会计制度的规定进行的，对于国家统一的会计制度没有规定统一核算方法的交易、事项，检查其是否按照会计核算的一般原则进行确认和计量，以及相关账务处理是否合理。

4）检查是否存在因会计差错、会计政策变更等原因需要调整前期或者本期的相关项目。只有在做好以上这些准备工作之后，才能着手编制会计报表。

6.2 资产负债表

6.2.1 资产负债表的概念和结构

1. 资产负债表的概念

资产负债表是总括反映企业在某一特定日期财务状况的会计报表，这里的某一特定日期指月末、季末、半年末和年末，如 6 月 30 日，12 月 31 日。由于它反映的是某一时点的情况，所以它是静态报表，通过编制资产负债表，可以总括反映企业资产、负债和所有者权益的构成情况及相互之间的对应关系。资产负债表是根据"资产＝负债＋所有者权益"这一会计恒等式依照一定的分类标准和顺序，将企业一定日期的全部资产、负债和所有者权益项目进行分类、汇总、排列后编制的。资产负债表主要反映以下三个方面的内容：

（1）资产

资产负债表中的资产项目一般是按流动性大小的顺序排列，按照流动资产和非流动资产两大类别分别列示，在流动资产和非流动资产类别下再进一步按性质分项列示。

资产负债表中列示的流动资产项目通常包括：货币资金、交易性金融资产、应收票据、应收账款、预付款项、应收利息、应收股利、其他应收款、存货等。非流动资产是指流动资产以外的资产，通常包括：长期股权投资、固定资产、在建工程、工程物资、固定资产清理、无形资产、开发支出、长期待摊费用以及其他非流动资产等。符合资产定义和资产确认条件的项目，应当列入资产负债表。

（2）负债

资产负债表中的负债项目一般按流动性（即偿还期的快慢）的顺序排列，按照流动负债和非流动负债分别列示，在流动负债和非流动负债类别下再进一步按性质分项列示。

资产负债表中列示的流动负债项目通常包括：短期借款、应付票据、应付账款、预收款项、应付职工薪酬、应交税费、应付利息、应付股利、其他应付款等。非流动负债是指流动负债以外的负债，通常包括：长期借款、应付债券和其他非流动负债等。

（3）所有者权益

资产负债表中的所有者权益项目一般按重要性程度的顺序（又可以说是永久性程度排列），它一般按照实收资本（或股本）、资本公积、盈余公积和未分配利润分项列示。

2. 资产负债表的结构

资产负债表采用左右平衡的账户式结构，左边列示资产各项目，右边列示负债和所有者权益各项目。资产负债表的格式如表 6-1 所示。

表6-1 资产负债表

填制单位： _____年_____月_____日 单位：元

资 产	期末余额	年初余额	负债和所有者权益	期末余额	年初余额
流动资产：			流动负债：		
货币资金			短期借款		
交易性金融资产			交易性金融负债		
应收票据			应付票据		
应收账款			应付账款		
预付款项			预收款项		
应收利息			应付职工薪酬		
应收股利			应交税费		
其他应收款			应付利息		
存货			应付股利		
一年内到期的非流动资产			其他应付款		
其他流动资产			一年内到期的非流动负债		
流动资产合计			其他流动负债		
非流动资产：			流动负债合计		
可供出售金融资产			非流动负债：		
持有至到期投资			长期借款		
长期应收款			应付债券		
长期股权投资			长期应付款		
投资性房地产			专项应付款		
固定资产			预计负债		
在建工程			递延所得税负债		
工程物资			其他非流动负债		
固定资产清理			非流动负债合计		
无形资产			负债合计		
开发支出			所有者权益（或股东权益）：		
商誉			实收资本（或股本）		
长期待摊费用			资本公积		
递延所得税资产			盈余公积		
其他非流动资产			未分配利润		
非流动资产合计			所有者权益（或股东权益）合计		
资产总计			负债和所有者权益总计		

6.2.2 资产负债表的编制方法

1. 资产负债表"期末数"栏数据来源

本表"年初数"栏内各项数字，应根据上年末资产负债表"期末数"栏内所列数字填列。本表"期末数"栏各项目的数据来源如下：

1）根据总分类账户的期末余额直接填列。如"交易性金融资产"项目，根据"交易性金融资产"总账的期末余额直接填列；"短期借款"项目，根据"短期借款"总账的期末余额直接填列。

2）根据总分类账户的期末余额计算填列。如"货币资金"项目，根据"库存现金"、"银行存款"、"其他货币资金"等总账的期末余额合计数计算填列。

3）根据明细分类账户的余额计算填列。如"应付账款"项目，根据"应付账款"、"预付账款"两个总分类账户所属相关明细账户的期末贷方余额计算填列；"预付款项"项目根据"应付账款"、"预付账款"两个总分类账户所属相关明细账户的期末借方余额计算填列。

4）根据总分类账户和明细分类账户余额分析计算填列。如"长期借款"项目，根据"长期借款"总分类账的期末余额，扣除"长期借款"总账所属明细账中反映的将于一年内到期的长期借款后的金额计算填列。

5）根据账户余额减去其备抵科目后的净额填列。如"固定资产"项目，根据"固定资产"账户期末余额，减去"累计折旧"和"固定资产减值准备"两个备抵账户余额后的净额填列。

2. 资产负债表主要项目的填列说明

1）"货币资金"项目，应根据"库存现金"、"银行存款"、"其他货币资金"科目期末余额的合计数填列。

2）"交易性金融资产"项目，应当根据"交易性金融资产"科目的期末余额填列。

3）"应收票据"项目，应根据"应收票据"科目的期末余额，减去"坏账准备"科目中有关应收票据计提的坏账准备期末余额后的金额填列。

4）"应收账款"项目，反映企业因销售商品、提供劳务等经营活动应收取的款项。本项目应根据"应收账款"和"预收账款"两个科目所属各明细科目的期末借方余额合计，减去"坏账准备"科目中有关应收账款计提的坏账准备期末余额后的金额填列。如果"应收账款"科目所属明细科目期末有贷方余额的，应在本表"预收款项"项目内填列。

【例 6-1】 某企业 3 月 31 日应收账款等账户明细资料如表 6-2 所示。要求据此填列资产负债表中"应收账款"和"预收款项"项目。

表 6-2 "应收账款"等账户明细资料

单位：元

总账科目	明细账户	借方余额	贷方余额	总账科目	明细账户	借方余额	贷方余额
应收账款		510		预收账款			620
应收账款	A 单位	600		预收账款	C 单位		680
应收账款	B 单位		90	预收账款	D 单位	60	
坏账准备	应收账款		33				

"应收账款"项目金额＝应收账款明细账借方 600＋预收账款明细账借方 60－坏账准

备明细账贷方 33＝627 元。

"预收款项"项目金额＝预收账款贷方 620＋应收账款贷方 90＝710 元。

5)"预付款项"项目，反映企业按照购货合同规定预付给供应单位的款项等。本项目应根据"预付账款"和"应付账款"科目所属各明细科目的期末借方余额合计数填列。如"预付账款"科目所属各明细科目期末有贷方余额的，应在资产负债表"应付账款"项目内填列。

6)"应收利息"项目，应根据"应收利息"科目的期末余额填列。

7)"应收股利"项目，应根据"应收股利"科目的期末余额填列。

8)"其他应收款"项目，应根据"其他应收款"科目的期末余额减去"坏账准备"科目中有关其他应收款计提的坏账准备期末余额后的金额填列。

9)"存货"项目，应根据"在途物资"、"库存商品"、"周转材料"、"委托加工物资"、"委托代销商品"、"发出商品"等科目的期末余额合计，减去"存货跌价准备"科目期末余额后的金额填列。商业零售企业"库存商品"采用售价金额核算的，还应减去"商品进销差价"贷方余额后的金额填列。

【例 6-2】 某企业月末"在途物资"科目借方余额 30 万元，"库存商品"科目借方余额 190 万元，"商品进销差价"科目贷方余额 10 万元，"委托代销商品"科目借方余额 148 万元，"发出商品"39 万元，"存货跌价准备"科目贷方余额 4 万元，假定不考虑其他因素，该企业月末资产负债表中"存货"项目应填列的金额是多少？

"存货"项目应填列的金额为：30＋190－10＋148＋39－4＝393 万元。

10)"一年内到期的非流动资产"项目，反映企业将于一年内到期的非流动资产项目金额，如一年内（含一年）摊销的长期待摊费用。本项目应根据有关科目的期末余额填列。

11)"长期股权投资"项目，应根据"长期股权投资"科目的期末余额减去"长期股权投资减值准备"科目的期末余额后的金额填列。

12)"投资性房地产"项目，应根据"投资性房地产"科目的期末余额填列。

13)"固定资产"项目，应根据"固定资产"科目的期末余额减去"累计折旧"和"固定资产减值准备"科目期末余额后的金额填列。

14)"在建工程"项目，应根据"在建工程"科目的期末余额减去"在建工程减值准备"科目期末余额后的金额填列。

15)"工程物资"项目，应根据"工程物资"科目的期末余额填列。

16)"固定资产清理"项目，应根据"固定资产清理"科目的期末借方余额填列，如果"固定资产清理"科目期末为贷方余额，应以"－"号填列。

17)"无形资产"项目，应根据"无形资产"的期末余额减去"累计摊销"和"无形资产减值准备"科目期末余额后的金额填列。

18)"开发支出"项目，应当根据"研发支出"科目中所属的"资本化支出"明细科目期末余额填列。

19)"商誉"项目，应根据"商誉"科目的期末余额减去相应减值准备后的金额填列。

20)"长期待摊费用"项目，应根据"长期待摊费用"科目的期末余额减去将于一年内（含一年）摊销的数额后的金额填列。长期待摊费用中在一年内（含一年）摊销的部分，在资产负债表"一年内到期的非流动资产"项目填列。

21）"递延所得税资产"项目，应根据"递延所得税资产"科目的期末余额填列。

注意	资产类科目中的"待处理财产损益"科目，核算企业在清查财产过程中发生的各种财产盘盈、盘亏和毁损的价值，应查明原因，在期末结账前处理完毕，处理后本科目应无余额。所以资产负债表中没有待处理财产损益项目。

22）"短期借款"项目，应根据"短期借款"科目的期末余额填列。

23）"交易性金融负债"项目，应根据"交易性金融负债"科目的期末余额填列。

24）"应付票据"项目，应根据"应付票据"科目的期末余额填列。

25）"应付账款"项目，反映企业因购买材料、商品和接受劳务供应等经营活动应支付的款项，应根据"应付账款"和"预付账款"科目所属各明细科目的期末贷方余额合计数填列。

26）"预收款项"项目，反映企业按照购货合同规定预付给供应单位的款项，应根据"预收账款"和"应收账款"科目所属各明细科目的期末贷方余额合计数填列。

【例6-3】 某企业6月30日应付账款等账户明细资料如表6-3所示。根据此表填列资产负债表中"应付账款"和"预付款项"项目。

表6-3 "应付账款"等账户明细资料

单位：元

总账科目	明细账户	借方余额	贷方余额	总账科目	明细账户	借方余额	贷方余额
应付账款			300	预付账款		460	
应付账款	E单位		340	预付账款	H单位	400	
应付账款	F单位	40		预付账款	K单位		60

"应付账款"项目金额＝应付账款明细账贷方340＋预付账款明细账贷方60＝400（元）

"预付账款"项目金额＝预付账款明细账借方400＋应付账款明细账借方40＝440（元）

27）"应付职工薪酬"项目，应根据"应付职工薪酬"科目的期末余额填列。

28）"应交税费"项目，应根据"应交税费"科目的期末贷方余额填列；如果"应交税费"科目期末为借方余额应以"－"号填列。

29）"应付利息"项目，应根据"应付利息"科目的期末余额填列。

30）"应付股利"项目，应根据"应付股利"科目的期末余额填列。

31）"其他应付款"项目，应根据"其他应付款"科目的期末余额填列。

32）"一年内到期的非流动负债"项目，反映企业非流动负债中将于资产负债表日后一年内到期部分的金额，如将于一年内偿还的长期借款。

33）"长期借款"项目，本项目应根据"长期借款"科目的期末余额减去将在一年内到期的长期借款后的金额填列。

【例 6-4】 企业 2010 年年末 "长期借款" 总账余额 60 万元, 其明细账有 2 笔, 一是从工商银行借入的一般借款 40 万元 (2008 年 7 月 1 日借入, 三年期限), 二是从建设银行借入 20 万元 (2010 年 6 月 30 日借入, 两年期)。则编制 2010 年 12 月 31 日资产负债表时, "一年内到期的非流动负债" 项目填 40 万元, "长期借款" 项目填 20 万元 (已减去将在一年内到期的长期借款)。

34) "应付债券" 项目, 本项目应根据 "应付债券" 科目的期末余额减去将在一年内到期的应付债券后的金额填列。非流动负债项目应根据有关科目期末余额减去将于一年内 (含一年) 到期偿还数后的余额填列。非流动负债各项目中将于一年内 (含一年) 到期的非流动负债, 应在 "一年内到期的非流动负债" 项目内单独反映。

35) "实收资本 (或股本)" 项目, 根据 "实收资本" (或 "股本") 科目的期末余额填列。

36) "资本公积" 项目, 应根据 "资本公积" 科目的期末余额填列。

37) "盈余公积" 项目, 应根据 "盈余公积" 科目的期末余额填列。

38) "未分配利润" 项目, 应根据 "本年利润" 科目和 "利润分配" 科目的余额计算 (相加或者相减) 填列。年度终了, "本年利润" 科目结转到 "利润分配" 科目后, 本项目根据 "利润分配" 科目年末余额填列, "利润分配" 年末如为借方余额则反映企业的未弥补亏损, 在本项目内以 "—" 号填列。

【例 6-5】 某商业企业 2010 年 5 月、6 月、7 月末本年利润和利润分配账户资料如表 6-4 所示。要求据此填列这三个月的资产负债表中 "未分配利润" 项目。

表 6-4 "利润分配" 等账户明细资料

单位: 万元

账户及报表项目	5 月 31 日余额	6 月 30 日余额	7 月 31 日余额
"利润分配" 总账	贷方余额 60	贷方余额 90	借方余额 20
"本年利润" 总账	贷方余额 80	借方余额 60	借方余额 30
"未分配利润" 项目	140	30	—50

【练一练】 某商业企业 2010 年 9 月 30 日 "本年利润" 借方余额 70 元, "利润分配" 贷方余额 50 元。要求填写 9 月 30 日资产负债表中 "未分配利润" 项目的金额。

6.3 利润表

6.3.1 利润表的概念和结构

1. 利润表的概念

利润表是反映企业在一定会计期间经营成果的会计报表。这里的一定会计期间可以是一个月、一个季度、也可以是半年、一年等期间。例如反映 1 月 1 日至 1 月 31 日经营

117

成果的利润表（月报），由于它反映的是某一期间的情况，所以又称为动态报表。通过利润表，可以反映企业在一定会计期间收入、费用、利润（或亏损）的数额及构成情况，帮助财务报表使用者全面了解企业的经营成果，分析企业的获利能力及盈利增长趋势，从而为其作出经济决策提供依据。

2. 利润表的内容和结构

利润表主要反映企业实现的营业收入、营业利润、利润总额和净利润等内容。我国企业的利润表采用多步式结构，多步式利润表是通过对当期的收入、费用、支出项目按性质加以归类，分步计算当期净损益，便于使用者理解其经营成果的不同来源。利润表的格式，见表6-5。

表6-5 利 润 表

编制单位：　　　　　　　　　　2010 年 12 月　　　　　　　　　　单位：元

项　　目	本期金额	上期金额
一、营业收入	1 386 000	
减：营业成本	834 000	
营业税金及附加	3 200	
销售费用	79 000	
管理费用	116 810	
财务费用	45 650	
资产减值损失	33 990	
加：公允价值变动收益（损失以"－"号填列）	12 100	
投资收益（损失以"－"号填列）	22 550	
二、营业利润（亏损以"－"号填列）	308 000	
加：营业外收入	55 000	
减：营业外支出	21 670	
三、利润总额（亏损总额以"－"号填列）	341 330	
减：所得税费用	85 332.5	
四、净利润（净亏损以"－"号填列）	255 998.5	
五、每股收益		
（一）基本每股收益		
（二）稀释每股收益		

6.3.2　利润表的编制方法

利润表各项目均需填列"本期金额"和"上期金额"两栏，主要根据有关损益类账户的发生额填列。利润表"上期金额"栏各项数字，应根据上一年度利润表"本期金额"栏内所列数字填列。在编制中期利润表时，金额栏应分为"本期金额"和"本期累计金额"两栏，分别填列各项目本中期（月、季或半年）实际发生额，以及自年初起至本中期（月、季或半年）末止的累计实际发生额。如编制 2011 年第 3 月份利润表，则表中"本期金额"栏为 2011 年 3 月 1 日至 3 月 31 日期间（一个月）的金额，而"本期累计金额"则为 2011 年 1 月 1 日至 3 月 31 日期间（三个月）的累计金额。利润表主要项目的填列说明如下：

1）"营业收入"项目，应根据"主营业务收入"和"其他业务收入"科目的发生额分析填列（即按结转到"本年利润"账户的净发生额填列，下同）。

2）"营业成本"项目，应根据"主营业务成本"和"其他业务成本"科目的发生额分析填列。

3）"营业税金及附加"项目，反映企业经营业务应负担的消费税、营业税、城建税、资源税和教育费附加等，应根据"营业税金及附加"科目的发生额分析填列。

4）"销售费用"项目，应根据"销售费用"科目的发生额分析填列。

5）"管理费用"项目，应根据"管理费用"的发生额分析填列。

6）"财务费用"项目，应根据"财务费用"科目的发生额分析填列。

7）"资产减值损失"项目，反映企业各项资产发生的减值损失。如计提坏账准备、存货跌价准备、长期股权投资减值准备、固定资产减值准备、无形资产减值准备等所计提的减值损失，应根据"资产减值损失"科目的发生额分析填列。

8）"公允价值变动收益"项目，反映企业应当计入当期损益的资产（如交易性金融资产）等公允价值变动收益。应根据"公允价值变动损益"科目的发生额分析填列；如果为净损失，本项目以"－"号填列。

9）"投资收益"项目，反映企业以各种方式对外投资所取得的收益，应根据"投资收益"科目的发生额分析填列；如为投资损失，本项目以"－"号填列。

10）"营业利润"项目，反映企业实现的营业利润，根据构成营业利润的项目金额计算填列；如为亏损，以"－"号填列。计算公式为：营业利润＝营业收入－营业成本－营业税金及附加－销售费用－管理费用－财务费用－资产减值损失＋公允价值变动损益（减损失）＋投资收益（减损失）。

11）"营业外收入"项目，应根据"营业外收入"科目的发生额分析填列。

12）"营业外支出"项目，应根据"营业外支出"科目的发生额分析填列。

13）"利润总额"项目，反映企业实现的利润，根据上述项目计算填列；如为亏损，本项目以"－"号填列。计算公式为：利润总额＝营业利润＋营业外收入－营业外支出。

14）"所得税费用"项目，应根据"所得税费用"科目的发生额分析填列。

15）"净利润"项目，反映企业实现的净利润；如为亏损，本项目以"－"号填列。计算公式为：净利润＝利润总额－所得税费用。年终时应将年度利润表中的"净利润"数字，与"本年利润"科目结转到"利润分配——未分配利润"科目的数字相核对。

16）"每股收益"项目，包括基本每股收益和稀释每股收益两类，按照归属于普通股股东的当期净利润除以当期实际发行在外普通股的加权平均数计算确定。

资产负债表和利润表的区分，比较如表 6-6 所示。

表 6-6 比较资产负债表和利润表

区分项目	资产负债表	利润表
1. 反映时间	某一特定日期	某一会计期间
2. 反映内容	财务状况	经营成果
3. 会计要素	资产、负债、所有者权益	收入、费用、利润
4. 会计等式	资产＝负债＋所有者权益	利润＝收入－费用
5. 资金运动形态	静态报表	动态报表
6. 报表结构	账户式	报告式
7. 填表依据	账户余额	账户发生额

【例6-6】 长沙含光商业公司2010年度有关损益类科目本年累计发生额如表6-7所示。

表 6-7 损益类科目本年累计发生额

单位：元

科目名称	借方发生额	科目名称	贷方发生额
主营业务成本	825 000	主营业务收入	1 375 000
其他业务成本	9 000	其他业务收入	11 000
营业税金及附加	3 200	公允价值变动损益	12 100
销售费用	79 000	投资收益	22 550
管理费用	116 810	营业外收入	55 000
财务费用	45 650		
资产减值损失	33 990		
营业外支出	21 670		
所得税费用	85 332.5		

要求：据此编制该企业 2010 年度的利润表，如表 6-4 所示。

营业收入＝主营业务收入 1 375 000＋其他业务收入 11 000＝1 386 000（元）。营业成本＝主营业务成本 825 000＋其他业务成本 9000＝834 000（元）。

【练一练】 甲商业公司 2011 年 1 月，发生如下交易或事项：

1）销售商品一批，售价金额为 200 万元，开具了增值税专用发票，款项尚未收回，该批商品实际成本为 150 万元。

2）销售一批原材料，增值税专用发票注明售价 80 万元，款项收到并存入银行，该批材料的实际成本为 59 万元。

3）以银行存款支付管理费用 20 万元，销售费用 15 万元，财务费用 10 万元，营业外支出 5 万元。

要求：编制甲公司上述业务的会计分录，并计算甲公司 1 月的营业收入、营业成本、营业利润、利润总额。

【例6-7】 长沙含光商业公司2011年1月、2月有关总分类账户资料如表6-7。要求据此填列2011年2月利润表，见表6-8。（先计算出表中1～2月合计数，填写利润表时，"本期数"栏填2月份发生数，"本年累计数"栏填1月和2月两个月合计数）。

表6-8 有关损益类账户发生额表

单位：元

科目名称	1月发生额	2月发生额	1～2月合计
主营业务收入	112 000	150 000	
其他业务收入	3 000	6 800	
营业外收入	4 870	9 790	
主营业务成本	62 000	75 200	
其他业务成本	1 800	3 960	
营业税金及附加	13 200	28 250	
销售费用	6 000	5 900	
管理费用	12 000	13 600	
财务费用	450	520	
资产减值损失		280	
投资收益	12 800（贷方）		
公允价值变动损益	30 000（贷方）	2 400（借方）	
营业外支出	200	500	
所得税费用	9 700	8 995	

根据有关损益类账户发生额填列的2月份利润表如下，见表6-9。

要求学生根据表6-8损益类账户1～2月发生额合计，填列2月份利润表中"本年累计数"栏。

表6-9 利 润 表

编制单位：　　　　　　　　　　2011年2月　　　　　　　　　单位：元

项　目	本月数	本期累计数
一、营业收入	156 800	
减：营业成本	79 160	
营业税金及附加	28 250	
销售费用	5 900	
管理费用	13 600	
财务费用	520	
资产减值损失	280	
加：投资收益	0	
公允价值变动损益	−2 400	
二、营业利润	26 690	
加：营业外收入	9 790	
减：营业外支出	500	
三、利润总额	35 980	
减：所得税费用	8 995	
四、净利润	26 985	

【练一练】 长沙兴隆公司属于商业批发企业，为增值税一般纳税人，适用17%的增值税税率，售价中不含增值税，商品销售时同时结转销售成本，本年利润采用表结法结转。2010年11月30日损益类有关科目的余额如下，见表6-10。

表6-10 科目余额表

单位：元

科目名称	借方余额	科目名称	贷方余额
主营业务成本	1000	主营业务收入	1750
营业税金及附加	20	其他业务收入	50
其他业务成本	30	投资收益	40
销售费用	40	营业外收入	30
管理费用	250	公允价值变动损益	30
财务费用	20		
资产减值损失	80		
营业外支出	17		

2010年12月份长沙兴隆公司发生如下经济业务：

1）销售商品一批，增值税专用发票上注明的售价200万元，增值税34万元，款项尚未收到，该批商品的实际成本为120万元。

2）本月发生应付职工薪酬150万元，其中经营及销售人员工资110万元，管理人员工资40万。

3）本月收到营业外收入7万元。

4）本月计提管理用固定资产折旧20万元。

5）本月主营业务应交城市维护建设税5万元，教育费附加0.5万元。

6）12月31日，计提坏账准备5万元，计提存货跌价准备10万元。

7）该公司适用所得税税率为25%。根据本年利润总额计提应交纳的所得税。

要求：① 编制长沙兴隆公司2010年12月份相关业务的会计分录；

② 计算公司本年的营业收入、营业成本、营业利润、利润总额及净利润。

 ## 6.4 现金流量表的编制

6.4.1 现金流量表的概念和结构

1. 现金流量表的概念

现金流量表是反映企业在一定会计期间现金和现金等价物流入和流出的报表。通过现金流量表，可以为报表使用者提供企业一定会计期间内现金和现金等价物流入和流出的信息，便于使用者了解和评价企业获取现金和现金等价物的能力，据以预测企业未来现金流量。

现金流量是指一定会计期间内企业现金和现金等价物的流入和流出。在现金流量表中，现金、银行存款及现金等价物被视为一个"现金"整体。现金是指企业库存现金以及可以随时用于支付的存款，包括库存现金、银行存款和其他货币资金等。现金等价物，是指企业持有的期限短（从购买日起三个月内到期）、流动性强、易于转换为已知金额现金、价值变动风险很小的投资，一般是指三个月内到期的债券投资等。

2. 现金流量表的结构

我国企业现金流量表采用报告式结构，分类反映经营活动产生的现金流量、投资活动产生的现金流量和筹资活动产生的现金流量，最后汇总反映企业某一期间现金的净增加额。现金流量表的格式，见表6-11。

表6-11 现金流量表

编制单位：　　　　　　　　　　　　年　月　　　　　　　　　　　　单位：元

项　目	本期金额	上期金额
一、经营活动产生的现金流量		
销售商品、提供劳务收到的现金		
收到其他与经营活动有关的现金		
经营活动现金流入小计		
购买商品、接受劳务支付的现金		
支付给职工以及为职工支付的现金		
支付的各项税费		
支付其他与经营活动有关的现金		
经营活动现金流出小计		
经营活动产生的现金流量净额		
二、投资活动产生的现金流量：		
收回投资收到的现金		
取得投资收益收到的现金		
处置固定资产、无形资产和其他长期资产收回现金净额		
投资活动现金流入小计		
购建固定资产、无形资产和其他长期资产支付的现金		
投资支付的现金		
投资活动现金流出小计		
投资活动产生的现金流量净额		
三、筹资活动产生的现金流量：		
吸收投资收到的现金		
取得借款收到的现金		
筹资活动现金流入小计		
偿还债务支付的现金		
分配股利、利润或偿付利息支付的现金		
筹资活动现金流出小计		
筹资活动产生的现金流量净额		
四、现金及现金等价物净增加额		

6.4.2 现金流量表的内容和编制方法

在编制现金流量表时，应以收付实现制为基础，以实际收到或付出的现金作为确认现金流入和流出的依据。现金流入表示企业现金增加，反映企业现金的形成来源，现金流出表示企业现金减少，反映企业现金的使用去向。现金流入与现金流出的差额，即为现金流量净额。现金流量表的内容分为经营活动、投资活动和筹资活动三大类。

1. 经营活动产生的现金流量项目填列

经营活动，是指企业投资活动和筹资活动以外的所有交易和事项。工商企业经营活动产生的现金流量主要包括销售商品、提供劳务、购买商品、接受劳务、支付工资和交纳税款等流入和流出的现金。

1）"销售商品、提供劳务收到的现金"项目，反映企业本年销售商品、提供劳务收到的现金（包括增值税销项税额），以及以前年度销售商品、提供劳务本年收到的现金和本年预收的款项，减去本年销售本年退回商品和以前年度销售本年退回商品支付的现金。企业销售材料和代购代销业务收到的现金，也在本项目反映。本项目可以根据"库存现金"、"银行存款"、"应收票据"、"应收账款"、"预收账款"、"应交税费（增值税销项税额）"、"主营业务收入"、"其他业务收入"科目的记录分析填列。

2）"收到的税费返还"项目，反映企业收到返还的各种税费，如收到的增值税、消费税、营业税、所得税、教育费附加返还等。本项目可以根据"现金"、"银行存款"、"主营业务税金及附加"、"补贴收入"、"应收补贴款"等账户的记录分析填列。

3）"收到的其他与经营活动有关的现金"项目，反映企业除了上述各项目外，收到的其他与经营活动有关的现金流入，如罚款收入、流动资产损失中由个人赔偿的现金收入等。其他现金流入如价值较大的，应单列项目反映。本项目可以根据"库存现金"、"银行存款"、"营业外收入"等账户的记录分析填列。

4）"购买商品、接受劳务支付的现金"项目，反映企业本年购买商品接受劳务实际支付的现金（包括增值税进项税额），以及本年支付以前年度购买商品、接受劳务的未付款项和本年预付款项，减去本年发生的购货退回收到的现金。企业购买材料和代购代销业务支付的现金，也在本项目反映。本项目可以根据"库存现金"、"银行存款"、"应付票据"、"应付账款"、"预付账款"、"应交税费（增值税进项税额）"、"主营业务成本"、"其他业务成本"等科目的记录分析填列。

5）"支付给职工以及为职工支付的现金"项目，反映企业本年实际支付给职工的工资、资金、各种津贴和补贴等职工薪酬。本项目可以根据"库存现金"、"银行存款"、"应付职工薪酬"等科目的记录分析填列。

6）"支付的各项税费"项目，反映企业本年发生并支付、以前各年发生本年支付以及预交的各项税费，包括所得税、增值税、营业税、消费税、印花税、房产税、土地增值税、车船使用税、教育费附加等。本项目可以根据"应交税费"、"库存现金"、"银行存款"等科目的记录分析填列。

7）"支付其他与经营活动有关的现金"项目，反映企业经营租赁支付的租金、支付的差旅费、业务招待费、保险费、罚款支出等其他与经营活动有关的现金流出，金额较大的应当单独列示。本项目可以根据"库存现金"、"银行存款"、"管理费用"、"销售费用"等科目的记录分析填列。

8）"经营活动产生的现金流量净额"项目，根据本表"经营活动现金流入小计"减去"经营活动现金流出小计"后的差额填列。差额为负数以"－"号填列。

2．投资活动产生的现金流量项目填列

投资活动，是指企业长期资产（如固定资产、无形资产、在建工程等）的购建和不包括现金等价物范围内的投资及其处置活动。投资活动产生的现金流量主要包括购建固定资产、金融资产投资等流入和流出的现金。

1）"收回投资收到的现金"项目，反映企业出售、转让或到期收回除现金等价物以外的对其他企业长期股权投资及交易性金融资产和持有至到期投资等而收到的现金。本项目可以根据"交易性金融资产"、"持有至到期投资"、"可供出售金融资产"、"长期股权投资"、"投资性房地产"、"库存现金"、"银行存款"等科目的记录分析填列。

2）"处置固定资产、无形资产和其他长期资产收回的现金净额"项目，反映企业出售、报废固定资产、无形资产和其他长期资产所取得的现金（包括因资产毁损而收到的保险赔偿收入），减去为处置这些资产而支付的有关费用后的净额。本项目可以根据"固定资产清理"、"库存现金"、"银行存款"等科目的记录分析填列。

3）"收到的其他与投资活动有关的现金"项目，反映企业除了上述各项以外，收到的其他与投资活动有关的现金流入。其他现金流入如价值较大的，应单列项目反映。本项目可以根据有关账户的记录分析填列。

4）"购建固定资产、无形资产和其他长期资产支付的现金"项目，反映企业购买、建造固定资产、取得无形资产和其他长期资产所支付的现金，以及用现金支付的应由在建工程和无形资产负担的职工薪酬。本项目可以根据"固定资产"、"在建工程"、"工程物资"、"无形资产"、"库存现金"、"银行存款"等科目的记录分析填列。

5）"投资支付的现金"项目，反映企业取得除现金等价物以外的交易性金融资产、持有至到期投资以及对其他企业的长期股权投资所支付的现金以及支付的佣金、手续费等交易费用。本项目可以根据"交易性金融资产"、"持有至到期投资"、"可供出售金融资产"、"投资性房地产"、"长期股权投资"、"库存现金"、"银行存款"等科目的记录分析填列。

6）"支付的其他与投资活动有关的现金"项目，反映企业除了上述各项以外，支付的其他与投资活动有关的现金流出。其他现金流出如价值较大的，应单列项目反映。本项目可以根据有关账户的记录分析填列。

3．筹资活动产生的现金流量项目填列

筹资活动，是指导致企业资本及债务规模和构成发生变化的活动。筹资活动产生的

现金流量主要包括吸收投资、发行股票、分配利润、发行债券、偿还债务等流入和流出的现金。

1)"吸收投资收到的现金"项目，反映企业以发行股票、债券等方式筹集资金实际收到的款项，减去直接支付的佣金、手续费、宣传费、咨询费、印刷费等发行费用后的净额。本项目可以根据"实收资本（或股本）"、"资本公积"、"库存现金"、"银行存款"等科目的记录分析填列。

2)"取得借款收到的现金"项目，反映企业举借各种短期、长期借款而收到的现金。本项目可以根据"短期借款"、"长期借款"、"应付债券"、"库存现金"、"银行存款"等科目的记录分析填列。

3)"收到的其他与筹资活动有关的现金"项目，反映企业除上述各项目外，收到的其他与筹资活动有关的现金流入，如接受现金捐赠等。其他现金流入如价值较大的，应单列项目反映。本项目可以根据有关账户的记录分析填列。

4)"偿还债务支付的现金"项目，反映企业为偿还债务本金而支付的现金。本项目可以根据"短期借款"、"长期借款"、"应付债券"、"库存现金"、"银行存款"等科目的记录分析填列。

5)"分配股利、利润或偿付利息支付的现金"项目，反映企业实际支付的现金股利、支付给其他投资单位的利润或用现金支付的借款利息、债券利息。本项目可以根据"应付利息"、"应付股利"、"利润分配"、"财务费用"、"库存现金"、"银行存款"等科目的记录分析填列。

6)"支付的其他与筹资活动有关的现金"项目，反映企业除了上述各项外，支付的其他与筹资活动有关的现金流出，如捐赠现金支出、融资租入固定资产支付的租赁费等。其他现金流出如价值较大的，应单列项目反映。本项目可以根据有关账户的记录分析填列。

4. "现金及现金等价物净增加额"项目

反映企业一定会计期间现金及现金等价物的期末余额减去期初余额后的净增加额（或净减少额），本项目应根据本表中"经营活动产生的现金流量净额"、"投资活动产生的现金流量净额"、"筹资活动产生的现金流量净额"等项目的金额合计数填列。本项目的金额应与资产负债表中"货币资金"项目的期末数减去期初数后的差额相等。

【例6-8】　长沙开福商业股份有限公司2010年有关资料如下：

1）当期销售商品实现收入100 000元，应收账款期初余额20 000元，期末余额50 000元；预收账款期初余额10 000元，期末余额30 000元。假定不考虑坏账准备。

2）当期用银行存款支付购买商品货款48 000元，当期支付前期的应付账款12 000元，当期购买商品预付货款15 000元，当期因购货退回收到现金6000元。

3）当期实际支付职工工资及各种奖金44 000元。其中，经营人员工资及奖金35 000元，在建工程人员工资及奖金9000元；另外，用现金支付离退休人员退休金7000元。

4）当期购买工程物资预付货款22 000元，向承包商支付工程款16 000元。

5）当期购入某公司股票 1000 股，实际支付全部价款 14 500 元，其中，相关税费 200 元，已宣告但尚未领取的现金股利 300 元。

6）当期发行面值为 80 000 元的企业债券，扣除支付的佣金等发行费用 8000 元后，实际收到款项 72 000 元，另外，为发行企业债券实际支付审计费用 3000 元。

7）当期用银行存款偿还借款本金 60 000 元，偿还借款利息 6000 元。

8）当期用银行存款支付分配的现金股利 30 000 元。

要求：根据上述资料，计算公司 2010 年现金流量表中下列项目的金额：

1）"销售商品、提供劳务收到的现金"项目：

100 000＋（20 000－50 000）＋（30 000－10 000）＝90 000（元）。

2）"购买商品、接受劳务支付的现金"项目：

48 000＋12 000＋15 000－6000＝69 000（元）。

3）"支付给职工以及为职工支付的现金"项目：

44 000－9000－7000＝28 000（元）。

4）"购置固定资产、无形资产和其他长期资产所支付的现金"项目：

22 000＋16 000＋9000＝47 000（元）。

5）"投资所支付的现金"项目：14 500－300＝14 200（元）。

6）"吸收投资所收到的现金"项目：72 000－3000＝69 000（元）。

7）"偿还债务所支付的现金"项目：60 000（元）。

8）"分配股利、利润或偿付利息所支付的现金"项目：6000＋30 000＝36 000（元）。

【练一练】 长沙兴福商业公司 2011 年有关资料如下：

1）本年销售商品本年收到现金 10 000 万元，以前年度销售商品本年收到的现金 200 万元，本年预收款项 100 万元，本年销售本年退回商品支付现金 60 万元，以前年度销售本年退回商品支付的现金 40 万元。

2）本年分配的经营及管理人员的职工薪酬为 200 万元，"应付职工薪酬"年初余额和年末余额分别为 20 万元和 10 万元，假定应付职工薪酬本期减少数均为本年支付的现金。

3）本年购买商品支付的现金 700 万元，本年支付以前年度购买商品的未付款项 60 万元和本年预付款项 50 万元，本年发生的购货退回收到的现金 40 万元。

4）本年年利润表中的所得税费用为 50 万元（均为当期应交所得税产生的所得税费用），"应交税费—应交所得税"科目年初数为 4 万元，年末数为 3 万元。假定不考虑其他税费。

要求：计算商业公司 2011 年现金流量表中下列项目的金额：

① 销售商品收到现金；

② 购买商品支付现金；

③ 支付给职工以及为职工支付的现金；

④ 支付的各项税费。

练 习 题

一、单项选择题

1. 下列资产负债表项目中，应根据多个总账科目余额计算填列的是（　　）。

    A. 应付账款   B. 盈余公积

    C. 未分配利润   D. 长期借款

2. 下列资产负债表项目，需要根据相关总账所属明细账户的期末余额分析填列的是（　　）。

    A. 预付款项   B. 应收票据

    C. 应付票据   D. 应付职工薪酬

3. 资产负债表中货币资金项目中包含的项目是（　　）。

    A. 银行本票存款   B. 银行承兑汇票

    C. 商业承兑汇票   D. 交易性金融资产

4. 应收账款科目明细账中若有贷方余额，应将其计入资产负债表中的（　　）项目。

    A. 应收账款   B. 预收款项   C. 应付账款   D. 其他应付

5. 某企业"应收账款"总账科目月末借方余额 400 万元，其中：应收甲公司账款明细科目借方余额 350 万元，"应收乙公司账款"明细科目借方余额 50 万元；"预收账款"科目月末贷方余额 300 万元，其中，"预收 A 工厂账款"明细科目贷方余额 500 万元，"预收 B 工厂账款"明细科目借方余额 200 万元。与应收账款有关的"坏账准备"明细科目贷方余额为 10 万元，与其他应收款有关的"坏账准备"明细科目贷方余额为 5 万元，该企业月末资产负债表中"应收账款"项目的金额为（　　）万元。

    A. 400   B. 600   C. 590   D. 585

6. 下列项目中，不应在资产负债表"存货"项目下反映的是（　　）。

    A. 委托加工物资   B. 发出商品

    C. 工程物资   D. 库存商品

7. 某企业 2010 年 12 月 3 日固定资产账户余额为 2000 万元，累计折旧账户余额为 800 万元，固定资产减值准备账户余额为 100 万元，在建工程账户余额为 200 万元。该企业 2010 年 12 月 31 日资产负债表中固定资产项目的金额为（　　）万元。

    A. 1200   B. 90   C. 1100   D. 2200

8. 某企业 2010 年 12 月 31 日无形资产账户余额为 600 万元，累计摊销账户余额为 200 万元，无形资产减值准备账户余额为 100 万元。该企业 2010 年 12 月 31 日资产负债表中无形资产项目的金额为（　　）万元。

    A. 600   B. 400   C. 300   D. 500

9. 以下项目中，属于资产负债表中流动负债项目的是（　　）。

A. 长期借款　　B. 长期应付款　　C. 应付利息　　D. 应付债券

10. 某企业"应付账款"科目月末贷方余额 40 000 元，其中："应付甲公司账款"明细科目贷方余额 35 000 元；"应付乙公司账款"明细科目贷力余额 5000 元；"预付账款"科目月末贷方余额 30 000 元，其中："预付 A 工厂账款"明细科目贷方余额 50 000 元，预付 B 工厂账款"明细科目借方余额 20 000 元。该企业月末资产负债表中"应付账款"项目的金额为（　　）。

　　A. 40 000　　B. 30 000　　C. 90 000　　D. 70 000

11. 某企业 2007 年发生的营业收入为 1000 万元，营业成本为 600 万元，销售费用为 20 万元，管理费用为 50 万元，财务费用为 10 万元，投资收益为 40 万无，资产减值损失为 70 万元（损失），公允价值变动损益为 80 万元（收益），营业外收入为 25 万元，营业外支出为 15 万元。该企业 2007 年的营业利润为（　　）万元。

　　A. 370　　B. 330　　C. 320　　D. 390

12. 引起现金流量净额变动的项目是（　　）。

　　A. 将现金存入银行

　　B. 用银行存款购买 2 个月到期的债券

　　C. 用固定资产抵偿债务

　　D. 用银行存款清偿 30 万元的债务

13. 甲公司是一般纳税企业，增值税税率为 17%，按照账龄分析法计提坏账准备，期初应收账款账面价值 190 万元，其中坏账准备 10 万元；期末应收账款账面价值 127 万元，其中坏账准备 23 万元，其中本期发生 5 万元的坏账损失，本期收回前期已经作为坏账损失处理的应收账款 8 万元，本期增提坏账准备 10 万元。本期营业收入 100 万元，增值税销项税额为 17 万元。假设无其他影响项目，则"销售商品、提供劳务收到的现金"的金额是（　　）。

　　A. 167　　B. 162　　C. 170　　D. 180

14. 编制"资产负债表"的理论依据是（　　）。

　　A. 会计的基本等式

　　B. 有借必有贷，借贷必相等

　　C. 全部账户借方和贷方发生额的平衡相等原理

　　D. "收入－费用＝利润"的会计等式

15. 资产负债表是用来反映企业（　　）的会计报表。

　　A. 一定时期内的财务状况　　　　　　B. 会计期末的财务状况

　　C. 某一特定日期的财务状况　　　　　D. 某一特定日期的经营情况

16. AS 公司 2010 年 3 月 1 日购入 S 公司 22.5 万股股票作为交易性金融资产，每股价格为 6 元。5 月 15 日收到 S 公司分派的现金股利 4.50 万元，股票股利 15 万股。收到分派的股利后，AS 公司 2010 年 6 月 30 日，交易性金融资产的公允价值为每股价格为 8 元。则 2010 年 6 月 30 日资产负债表中"交易性金融资产"填列为（　　）万元。

　　A. 135　　B. 117　　C. 130.50　　D. 180

17. 甲股份有限公司 2010 年度正常生产经营过程中发生的下列事项不影响 2010 年度利润表中营业利润的是（　　）。

    A．无法查明原因的现金短缺

    B．交易性金融资产的公允价值高于其账面余额产生的公允价值变动损益

    C．出售交易性金融资产时产生的投资收益

    D．有确凿证据表明存在某金融机构的款项无法收回

18. 支付专门借款资本化的利息属于现金流量表的项目是（　　）。

    A．经营活动的现金流量   B．投资活动的现金流量

    C．不影响现金流量   D．筹资活动的现金流量

19. 下列属于经营活动的现金流量项目有（　　）。

    A．出售无形资产收到现金   B．出租无形资产收到现金

    C．固定资产清理收到现金   D．固定资产盘盈

20. 下列业务中不影响现金流量的是（　　）。

    A．交易性金融资产的公允价值高于其账面余额的差额

    B．收到包装物押金

    C．收回以前年度核销的坏账

    D．收到银行存款利息

二、多项选择题

1. 下列会计科目，在编制资产负债表时应列入"存货"项目的有（　　）。

    A．在途物资   B．存货跌价准备

    C．库存商品   D．工程物资

2. 下列各项中，应作为资产负债表中资产列报的有（　　）。

    A．委托加工物资   B．委托代销商品

    C．融资租入固定资产   D．经营租入固定资产

3. 下列资产中，属于流动资产的有（　　）。

    A．应收股利   B．一年内到期的非流动资产

    C．应收利息   D．开发支出

4. 资产负债表中的"应收账款"项目应根据（　　）填列。

    A．应收账款所属明细账借方余额合计

    B．预收账款所属明细账借方余额合计

    C．按应收账款余额一定比例计提的坏账准备科目的贷方余额

    D．应收账款总账科目借方余额

5. 下列项目中，属于流动负债的有（　　）。

    A．应付职工薪酬   B．期借款

    C．一年内到期的非流动负债   D．预付款项

6. 下列各项中，影响营业利润的项目有（　　）。

A．已销商品成本　　　　　　　B．原材料销售收入

C．出售无形资产净收益　　　　D．转让股票所得收益

7．下列各项，属于现金流量表中现金及现金等价物的有（　　　）。

A．3 个月内到期的应收票据　　B．其他货币资金

C．1 个月内到期的债券投资　　D．权益性投资

8．下列交易和事项中，影响当期经营活动产生的现金流量的有（　　　）。

A．用产成品偿还短期借款　　　B．支付管理人员工资

C．收到被投资单位利润　　　　D．支付各项税费

9．资产负债表的填列方法有（　　　）。

A．根据总账余额直接填列

B．根据几个总账余额计算分析填列

C．根据总账所属的明细账余额分析填列

D．根据有关明细账户的余额填列

10．资产负债表上"货币资金"项目应包括（　　　）。

A．库存现金　　　　　　　　　B．银行存款

C．现金等价物　　　　　　　　D．其他货币资金

11．下列项目，在资产负债表上应直接根据其总账余额填列的有（　　　）。

A．应收票据　　　　　　　　　B．长期借款

C．交易性金融资产　　　　　　D．短期借款

12．下列各项中，不影响当月经营活动产生的现金流量的有（　　　）。

A．以库存商品偿还到期借款　　B．支付管理人员工资

C．收到被投资单位利润　　　　D．支付各项税费

13．根据《企业会计准则第 30 号——财务报表列报》规定，财务报表至少应当包括（　　　）。

A．资产负债表　　　　　　　　B．利润表

C．现金流量表　　　　　　　　D．所有者权益（股东权益）变动表

14．下列事项中，影响利润表中营业利润的有（　　　）。

A．营业外收入　　　　　　　　B．财务费用

C．投资收益　　　　　　　　　D．公允价值变动损益

15．下列事项中影响现金流量变动的项目是（　　　）。

A．用固定资产清偿债务　　　　B．支付应付账款

C．发行债券收到现金　　　　　D．用现金购买普通股股票

三、判断题

1．资产负债表中的应收账款项目应根据"应收账款"所属明细账借方余额合计数、"预收账款"所属明细账借方余额合计数和"坏账准备"总账的贷方余额计算填列。（　　　）

2．资产负债表中的"长期待摊费用"项目应根据"长期待摊费用"科目的余额直接

填列。   （   ）

3．如果固定资产清理科目出现借方余额，应在资产负债表"固定资产清理"项目中以负数填列。   （   ）

4．资产负债表中确认的资产都是企业拥有的。   （   ）

5．"预付账款"科目所属各明细科目期末有贷方余额的，应在资产负债表"应收账款"项目内填列。   （   ）

6．"应收利息"科目的期末余额，减去"坏账准备"科目中有关应收利息计提的坏账准备期末余额后的金额填列。   （   ）

7．"开发支出"项目应当根据"研发支出"科目中所属的"费用化支出"明细科目期末余额填列。   （   ）

8．"长期借款"项目，根据"长期借款"总账科目余额填列。   （   ）

9．"应付职工薪酬"项目，反映企业根据有关规定应付给职工的工资、职工福利、社会保险费、住房公积金、工会经费、职工教育经费，但不包括非货币性福利、辞退福利等薪酬。   （   ）

10．财务报表中的资产项目和负债项目的金额、收入项目和费用项目的金额不得相互抵消，但资产项目按扣除减值准备后的净额列示，不属于抵消。   （   ）

11．企业购入 2 个月到期的国债作为交易性金融资产，会减少企业投资活动产生的现金流量。   （   ）

12．在现金流量表中，现金股利收入和股利支出属于投资活动的现金流量。
                                                          （   ）

13．资产负债表是反映企业一定时期内资产、负债、所有者权益等会计要素增减变动情况的会计报表。   （   ）

14．利润表是反映企业一定时期内经营情况及财务成果的报表。 （   ）

四、业务题

1．某商业企业 2010 年末有关账户余额，见表 6-12。

表 6-12　账户余额表

单位：元

账　户	期末余额	账　户	期末余额
库存现金	36 000	发出商品	6 300
银行存款	900 000	委托代销商品	30 000
其他货币资金	100 000	委托加工物资	500
应收账款（总账）	9 000	持有至到期投资	300 000
—A 公司（明细借方余额）	8 000	其中：一年内到期的投资	20 000
—B 公司（明细借方余额）	2 000		
—C 公司（明细贷方余额）	1 000		
预付账款	40 000		
—甲公司（明细借方余额）	60 000		
—乙公司（明细贷方余额）	20 000		

续表

账 户	期末余额	账 户	期末余额
坏账准备（贷方余额）	900	应付账款（总账）	2 000
——应收账款	800	——丙公司（明细贷方余额）	7 000
——预付账款	100	——丁公司（明细借方余额）	5 000
周转材料	1 000	应交税费（借方余额）	340
库存商品		预收账款（总账）	6 000
		——D公司（明细贷方余额）	7 000
	500 000	——E公司（明细借方余额）	4 000
		——F公司（明细借方余额）	3 000
在途物资	6 000	预收账款（明细贷方余额）	70 000
		长期借款	300 000
		其中：一年内到期的借款	100 000
		利润分配（借方余额）	400

要求：根据上述资料填列资产负债表有关项目的金额，见表6-13。

表6-13 资产负债表有关项目表

单位：元

资产负债表项目	计算过程
货币资金	
应收账款	
预收款项	
应付账款	
预付款项	
存货	
一年内到期的其他流动资产	
持有至到期的投资	
应交税费	
一年内到期的非流动负债	
长期借款	
未分配利润	

2．某商业企业期末有关总分类账余额及明细账余额如下：

总账余额　　　　明细账余额

———————————————————————————

　　　　　　　　　　　　A公司80 000（借方）

应收账款　　60 000（借方）　B公司20 000（贷方）

———————————————————————————

		C 公司 85 000（贷方）	

预收账款

| 预收账款 | 40 000（贷方）| D 公司 45 000（借方）|

长期借款 52 000（贷方）建行 400 000
农行 120 000（下月到期）

本年利润 680 000（贷方）

利润分配 290 000（借方）

要求：计算资产负债表中下列项目的金额：
①应收账款；②预收账款；③一年内到期的长期负债；④长期借款；⑤未分配利润

五、综合题

1. 某商店为增值税一般纳税人，适用的增值税税率为 17%，所得税税率为 25%，2011 年 1 月 31 日有关总账科目余额，见表 6-14。

表 6-14　总账科目余额表

单位：元

科目名称	借方余额	科目名称	贷方余额
库存现金	1050	坏账准备	900
银行存款	388 018	商品进销差价	37 125
其他货币资金	11 900	存货跌价准备	3 250
交易性金融资产	33 000	累计折旧	85 000
应收账款	300 000	累计摊销	30 000
应收利息	2500	本年利润	25 000
其他应收款	50 000	短期借款	50 000
在途物资	137 500	应付票据	25 000
委托代销商品	20 000	应付账款	476 900
库存商品	583 700	应付职工薪酬	90 000
周转材料	19 025	应交税费	113 366
持有至到期投资	45 000	其他应付款	25 000
长期股权投资	125 000	长期借款	80 000
固定资产	1 275 500	实收资本	2 400 000
在建工程	289 000	资本公积	16 108
无形资产	300 000	盈余公积	62 385
长期待摊费用	9200	利润分配	70 359
合　计	3 590 393	合　计	3 590 393

其他有关资料：

1）该企业"应收账款"账户所属各明细账均无贷方余额；应收账款总账余额与所属各明细账借方余额之和相等。

2）"应付账款"账户所属各明细账均无借方余额；应付账款总账余额与所属各明细账贷方余额之和相等。

3）"坏账准备"余额全部为应收账款计提的坏账准备 900 元。

4）"长期借款"余额 80 000 元中，有 30 000 元将在 9 个月内到期。

5）"长期待摊费用"余额 9200 元，全部将在 6 个月内摊销。

要求：根据上述资料编制商店 2011 年 1 月 31 日资产负债表（只填期末余额），见表 6-15。

表 6-15 资产负债表

编制单位： 　　　　　　　　　　年 月 日 　　　　　　　　　　单位：元

资　　产	期末余额	负债和所有者权益	期末余额
流动资产：		流动负债：	
货币资金		短期借款	
交易性金融资产		交易性金融负债	
应收票据		应付票据	
应收账款		应付账款	
预付款项		预收款项	
应收利息		应付职工薪酬	
应收股利		应交税费	
其他应收款		应付利息	
存货		应付股利	
一年内到期的非流动资产		其他应付款	
其他流动资产		一年内到期的非流动负债	
流动资产合计		其他流动负债	
非流动资产：		流动负债合计	
可供出售金融资产		非流动负债：	
持有至到期投资		长期借款	
长期应收款		应付债券	
长期股权投资		长期应付款	
投资性房地产		专项应付款	
固定资产		预计负债	
在建工程		递延所得税负债	
工程物资		其他非流动负债	
固定资产清理		非流动负债合计	
无形资产		负债合计	
开发支出		所有者权益（或股东权益）：	
商誉		实收资本（或股本）	

续表

资　产	期末余额	负债和所有者权益	期末余额
长期待摊费用		资本公积	
递延所得税资产		盈余公积	
其他非流动资产		未分配利润	
非流动资产合计		所有者权益合计	
资　产　总　计		负债和所有者权益总计	

2. 长沙资阳商业公司为增值税一般纳税人，增值税率 17%，所得税率 25%，销售货物时逐笔结转销售成本。2011 年发生经济业务如下：

1）销售商品一批，价款 4 000 000 元，增值税 680 000 元，商品已发出，款项收到存入银行。该批商品的成本为 2 750 000 元。

2）上年 12 月份销出的商品在本年 5 月退回一部分，该部分商品已验收入库，成本 140 000 元，原售价金额 200 000 元，增值税 34 000 元，款项已通过银行退还。

3）购买生产用固定资产 2 400 000 元，增值税 408 000 元，款已付。支付行政管理部门办公费用 80 000 元。

4）分配工资费用，其中经营人员工资 310 000 元，行政管理人员工资 150 000 元，同时按 2%计提工会经费。

5）销售不需用的周转材料一批，售价金额 30 000 元，增值税 5100 元，款项尚未收到。该批材料的实际成本 27 000 元。

6）出售设备一台，账面原价 250 000 元，已提折旧 200 000 元，实际售价 70 000 元，款已收到存入银行。

7）持有的账面余额为 200 000 元的交易性金融资产（股票），其在年末确认的公允价值为 230 000 元。

8）盘亏一台设备，账面原价 80 000 元，已提折旧 70 000 元，经批准核销。

9）计提销售部门固定资产折旧 80 000 元，行政管理部门固定资产折旧 90 000 元。

10）计提应收账款的坏账准备 15 000 元，计提存货跌价准备 20 000 元。

11）以银行存款的支付销售费用 120 000 元，短期借款利息费用 50 000 元（原未预提），管理费用 200 000 元。

12）转让出售持有的一项交易性金融资产（债券），账面余额 120 000 元，实际收款 158 000 元存入银行。

13）计提企业经营活动发生的城市维护建设税 70 000 元和教育费附加 30 000 元。

14）计算并确定本年应交纳的企业所得税，按利润总额计算，假定不存在纳税调整事项。

15）将本年的损益类科目发生额，结转到"本年利润"科目。

16）将本年利润科目余额，结转到"利润分配"科目。

要求：编制长沙资阳商业公司 2011 年度经济业务的会计分录，并在此基础上根据本年损益类科目发生额编制利润表，见表6-16。

表6-16 利 润 表

编制单位： 2011年度 单位：元

项 目	本期金额	上期金额
一、营业收入		（略）
减：营业成本		
营业税金及附加		
销售费用		
管理费用		
财务费用		
资产减值损失		
加：公允价值变动收益（损失以"－"号填列）		
投资收益（损失以"－"号填列）		
二、营业利润（亏损以"－"号填列）		
加：营业外收入		
减：营业外支出		
三、利润总额（亏损总额以"－"号填列）		
减：所得税费用		
四、净利润（净亏损以"－"号填列）		

参 考 文 献

财政部. 2006. 企业会计准则应用指南. 北京：中国财政经济出版社.

财政部. 2010. 初级会计实务. 北京：中国财政经济出版社.

贺彩虹. 2005. 财务会计（下）. 长沙：湖南人民出版社.